防災教育学の新機軸

まなび合いのアクションリサーチ

近藤誠司
KONDO Seiji

BOUSAI : THE TREASURE WITHIN

関西大学出版部

【本書は関西大学研究成果出版補助金規程による刊行】

目 次

序　章
いのちの光粒子

すこしばかり長めの序章を書いておきたい。読者諸賢に、あらかじめ本書の問題意識を共有していただくためである。このあとに続くすべての章が、筆者の問題意識に根差した、多声的なアンサーやレスポンスとなっている。

1　いのちに対するまなざし

大きな災害や悲惨な事故が起こると、メディアが好んで流布する言葉のひとつに「希望」がある[1]。冷厳な現実を目の当たりにして、なんとしても早く"希望"[2]を見出し、"安心"[3]したい。そんな強い欲求に衝き動かされて、報道の従事者たちが半ば無意識のうちに使ってしまう、いわば、パワーワードである。

筆者も、かつてそうであった。東日本大震災が起きて、まもなく3年になろうとしていたときのことである。当時、テレビ局のディレクターをしていた筆者[4]は、岩手県の沿岸部の小学校に足を運んだ折、教室にいた子どもたちに向かって、「将来の夢を聞かせてください」と愚かにも尋ねてしまった。子どもたちは礼儀正しく挙手をして、次々と答えてくれた。「この町でケーキ屋さんをやりたい」、「大工になって町の復興を手伝いたい」、「学校の先生になって震災のことを伝えたい」……。

瞬時に、「被災地の小学校にも、希望の光」といった古色蒼然としたニュース・タイトルが脳裏に浮かぶ。そして、すぐにまた、こうも思い直す。このような「希望」をめぐるやりとりは、これまで、あまたの被災地において何度も繰り返されてきたはずである。マスコミという名の部外者が、"等身大の希望"を紡ぎ出すことを求めてくるから、子どもたちはその意を汲んで、即興で期待

に応えているだけなのではないか。

　被災地のリアルは、本当のことを言えば、ずっともっと過酷である[5]。子どもたちは、「現在」の平穏な暮らしを奪われている。日常という名の甘美な時間など、そこにはもはや流れていないのだ。愛着のある家財や衣服、ぬいぐるみ、アルバム、日記、手紙、携帯電話のメモリーなど、追慕すべき対象のすべてが、すなわち、確かにあったはずの「過去」が、突然の大津波によって流失してしまった。そしてさらに、大人になったらあとを継ごうと考えていた家業や、勤めようと思っていた会社、ずっと暮らしていくはずだったふるさとの街並みもすべて奪われて、「未来」さえもが消し飛んでしまった。災害とは、過去と現在と未来を同時に破壊するものなのだ。

　2008 年に起きた中国四川大地震（汶川地震）の被災地では、数多くの学校の校舎が授業中に崩れ、1 万人を超える児童が命を落としたとも言われている。発災直後に被災地に入ったわたしは、倒壊した小学校のすぐ脇で、目を覆いたくなるような作業がおこなわれているのを目撃した[6]。100 を超える子どもたちの遺体を順番に写真におさめ、行方不明者を割り出す作業をしていたのだ。作業にあたっていたのは、保護者と、そして、生き残った数人の児童たちであった。教員たちの多くは、残念ながら死亡したり大けがを負って搬送されたりしていたことから、立ち会える人が"それ"をやるしかない状況に追い込まれていたものと考えられる。発災したのは、5 月の半ば。まだ夏の盛りには至っていないが、中国の内陸部では、ときに暑くもなる時節である。発災後、すぐに雨が降り、そのあとにわかに気温が上昇してきていた。遺体は、すぐに腐敗してしまう。号泣している人や放心している人も大勢いるさなか、沈痛な面持ちをした人たちが、死臭にまみれながら、逃れようのない「現実」——それは、悪夢として退けたくなる光景なのだけれども、やはり「現実」なのだ——と闘っていた。

　舞台を、日本に戻そう。東日本大震災の被災地においても、あちこちに突然の別れがあった。無念の死があった。もう、二度と会うことができない家族、そして仲間たち。もう、直に見ることができないその笑顔、ふれることのできないぬくもり。さらに、無情にも、時の流れによってあらがいがたく薄れてゆく思い出の数々……。

　東日本大震災から6年。津波で甚大な被害を受けた宮城県名取市の閖上地区を訪れた際に、復興事業の槌音が響く工事現場のすぐ近くで、ペンでメッセージが大書された学校の机を見つけた（**写真1**）。

　この文章のなかで、特に、さいごの2行が、わたしの胸を強く締め付けた。

　死んだら終りですか？　生き残った私達に出来る事を考えます。

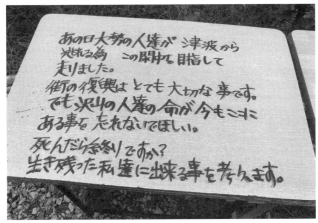

写真1　宮城県名取市閖上地区にて（2017.10.14.筆者撮影）

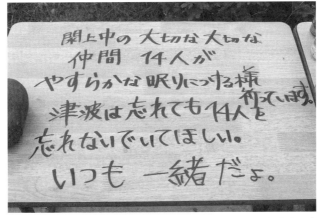

写真2　宮城県名取市閖上地区にて（2017.10.14.筆者撮影）

ところで、このメッセージには、続きがある（**写真2**）。ただし正確に言うと、メッセージが書かれた順番を、わたしは知らない。けれども、**写真1**の問いかけがあって、**写真2**がそれに応えたものであると、わたしには思えたのだ。
　そこには、こうあった。

　　忘れないでいてほしい。いつも一緒だよ。

　いとうせいこうが東日本大震災をモチーフにして書き下ろした作品に、『想像ラジオ』(2015) がある。そのなかでファンタジックに描き出されていたとおり、いのちは、それを"想い"、あるいは"憶う"ことさえすれば——ラジオのように死者の声に周波数を合わせてチューニングすれば——、いつでもどこでも、その存在を感じ取ることができる。個体としての生命とは異なる次元に、「いのち」を成立せしむる"場"があるのだ（内山, 2015）。
　いのちは、この世に遍在していて、臨在してもいる[7]。いのちは、たくさんの光の粒子のようなものとして相照らし合っていて、この世をまぶしく構成している。産まれ出たころにはだれしもが知っていたはずのこの宇宙の神秘と奇跡を、驚くほど多くの大人たちが忘れている。いのちは、"死んだら終わり"ではない。
　本書が主題とする「防災教育学」とは、このように、虚心坦懐に「いのち」を感得するための学問として、21世紀のうちに、次の千年紀を見据えながら存立していかなければならないものであると筆者は考えている。
　『沈黙の春』の作者として、多くの日本人が馴染んでいるアメリカの海洋生物学者、故レイチェル・カーソンの次の言葉も、わたしたちのチャレンジ——堅牢な「防災教育学」を構築すること——の足掛かりとなるものであろう。

　　わたしは、子どもにとっても、どのようにして子どもを教育すべきか頭を
　　悩ませている親にとっても、「知る」ことは「感じる」ことの半分も重要で
　　はないと固く信じています。

　　　　　　　　　　　　　　　　　　　　　　（レイチェル・カーソン, 1996)

2　北風と太陽の弁証法

　災害大国・日本の学校において、防災教育という営みは、生命、そして、いのちにかかわる"必須科目"になってきていると言っても過言ではないだろう。たとえば、危難がさし迫ってきたときに、いかにして身を守るのか。被害を受けたときに、いかにして支え合うのか。リスクを低減するために、いかにして日々の備えを充実化しておくのか。オールハザード・オールフェーズの観点から考えておかなければならない。近年は災害が頻発・増加傾向にあり、巨大災害が発生するリスクも、年々、その切迫性を増しているとも言われている。大人も子どもも、だれしもが真剣に取り組まねばならず、悠長に構えている余裕など、もはやどこにもないように感じられる[8]。

　しかし……、東日本大震災以降、防災教育の旗を振り、思い切りアクセルを踏むようにシフトチェンジした学校が――そして、大学関係者や専門家・批評家、実践家なども――多数出現してきたことによって、かえって"防災嫌い"の子どもを生み出す事態が散見されるようになってきている。いわゆる、「社会的逆機能」(social dysfunction) の問題である[9]。

　ひとつ、実例をおさえながら確認していこう。2014 年度、神戸市長田区の真陽小学校で、5 年生児童を対象にして、防災意識に関する調査を実施した。なお、あらかじめ付言しておくと、この小学校における共同実践――アクションリサーチの事例――は、本書では、このあと随所に登場することになる。

　さて、「防災のイメージ」を児童に尋ねてみたところ、自由記述欄には**図1**のようなイラストを描いた児童がいた。絵の中央部には、家々に「火がもえうつる」と記されていて、人々が逃げまどっている様子もうかがえる。「たすけて」などのセリフも埋め込まれている。そして、上部には、「つなみ・どしゃくずれ・火事・じしん」と単語が羅列されている。このように、災害やハザードの種別を散りばめながら、どのような苦難が待ち受けているのか克明に記しているところをみると、この児童は防災に対する意識が高く、知識も一定程度、持ち合わせているのではないかと推認することもできよう。

　しかし、わたしは、何かこう、後味の悪い、気持ちがささくれ立つような感

図1　防災のイメージについての回答（小学5年生）　その1

情をいだいた。そこで、他の児童の回答をつぶさに読み込んでいくと、「人が
死ぬ」、「ひどいことが起きる」、さらには、「ぜんめつする」といった回答まで
あった。

　なぞが、深まった。ポジティブな内容を記した回答がひとつも見当たらな
かったのである。調査を持ちかけた大学側（筆者）としては、防災という営み
全般に対するイメージを児童たちに尋ねている。となると、その明暗のうちの
"光"の側面に寄せて、「ボランティア」や「きずな」、「レスキュー隊員」や
「自主防災組織」、「共助」や「助け合い」などのキータームが、すくなくとも数
人からは出てきてもおかしくないものと予想していたのだった。しかし、それ
がまったく見当たらないのだ[10]。

　すぐに児童にヒアリングしてみた。すると、次のようなことを教えてくれ
た。この小学校では、以前、ある大学の先生に話を聞く機会があり、「津波火
災」のメカニズムについて学習していた。この専門家は、子どもたちに向かっ
て、「津波が町に浸入すると火種を運ぶので、たとえ垂直避難しても助からな
い。地震で強く揺れたあとに、この町は、"火責め、水攻め"に遭うのだ」と言
い残したというのだ。

　この"学習"の効果を端的に示す回答も見つかった。それが、**図2**である。
左側から津波が町に浸入している。この町は、抽象的な「まち」ではなくて、
真陽小学校がある具体的な「街」（真陽地区）を表している。家々が濁流にのま

6

図2　防災のイメージについての回答（小学5年）　その2

れている。ところで、右側にあるのは、高層の建物である。すでに上層階まで炎が達している。

　高台がない真陽地区では、小学校を起点とすると1キロ以上も水平に移動しなければ、想定浸水域を脱することができない。だから、津波避難指定ビル——真陽地区ではおもにマンションが該当する——があちこちにある。しかし、高いビルに駆けあがったとしても、「津波火災」によって容易に退路を断たれてしまう。児童が教わったとおり、人々は逃げ場を失い、全滅する……。

　このようにして、児童たちは、巨大災害の到来を"先取り"して、「もうだめだ」、「何をしても手に負えない」、だから「防災の話は怖い、いやだ」ということを見事なまでに"学習"していた。このまなび——本書では、一般的・標準的な「学び／学習」の系列に対抗するかたちの「学び／学習」を、これ以降、原則として「まなび」と表記することにする——は、当然ではあるが、次のアクションの梃子にはならない。なぜならば、「じたばたしても仕方がない」、「何をしたって、どうせ徒労に終わるのだ」という無力感を、大人たちが率先して刷り込んだわけなのだから[11]。

　さてここで、上述した防災教育の現場における問題閉塞の状況を超克するために、イソップ童話の『北風と太陽』の物語を補助線に置いてみよう[12]。北風と太陽は、自分たちのどちらが強いのか、天上で腕試しをしている。旅人の衣服を脱がせたほうが勝ちというルールである。北風は、旅人の衣服を吹きとば

そうと、ビュービューと寒く冷たい風を吹きつける。すると、どうだろう。風の勢いが増せば増すほど、旅人は頑なに抵抗して、かえって外套を着込んでしまう。一方の太陽は、あたたかい日差しで旅人を照らし、包み込んでやる。すると、どうだろう。旅人は、暑い暑いと言いながら、あっさり衣服を脱いでしまう……。

　この童話の構図を用いればすぐに理解できるのは、災害は恐ろしいことなのだから対策をしなければ死ぬぞと脅す「北風型」の防災をしていても、なかなか人は動かないということだ。かえってこころがシュリンクして、前に進めなくなってしまう。有無を言わさずに上から押さえつける筋肉質な防災教育には、落とし穴がある。繰り返せば、そこでは社会的逆機能が惹起されるのである。

　ところで、ここでさらに注意しなければならないことがある。それは、「A or not A」という単純なコントラストで構図を読み取ることの陥穽である。「not A but B」の思考だと言い換えてもよいだろう。「北風型」の教育手法はダメなのだから、次なる道は「not 北風型 but 太陽型」と思い込んでしまうことの短絡である。

　たとえば、「太陽型」の防災としてすぐに想起されるのは、「楽しみながら学びましょう」というキャッチフレーズで紹介されるメソッドやアプローチのたぐいである。防災は怖い、つまらない、面倒なイメージがあるのだから、反転して、遊びを通して学びましょう、笑顔で話しましょうと誘いかけることが常套となっている。アプリをインストールすれば、ほら、簡単にできるでしょう。ゲーム・カードを使うだけですから、ほら、気軽に親子でプレイできますよ……等々[13]。

　このようにして趣向をこらしたユーザーフレンドリーな実践のバリエーションは、きわめて増えてきている。それは、ある意味では、上述した課題——「北風型」の防災の台頭——に向き合い、問題閉塞の軽減化を図っているようにも見える。しかし、よくよくその内実を確かめてみると、「紛い物の防災」、「子どもだましの防災」、「ニセモノの防災」、「劣化コピー版の防災」であるケースも散見される[14]。本当であれば、生命やいのちに直結する、一筋縄ではいかないテーマを扱うはずであるのに[15]、そのことをオブラートで包んで、ときには核心部分をマスクして、「楽しさ」の新規性だけを競い合っている。

　われわれは、問題解決に向けたアプローチのアラカルト自体に、次なる問題を拡大再生産させてしまう機制が孕まれていることに、そろそろ気付かなくてはならない。防災にかかわるコンテンツを教え込めば、それがイコール、「防災教育」になるわけではないのだ。

　そこでもういちど、補助線として置いたイソップ童話に立ち戻ってみよう。北風と太陽は、旅人を外側からリモートコントロールしてやろうとアクションしているのであった。ところで、この物語の登場人物のなかで能動的な主体としてセットされているのは、あくまでも北風と太陽のほうなのであって、肝心の旅人は、さいごまで受動的な主体として描かれている点に注意しなければならない。この構図は、たとえばアメとムチを使って、人格を遠隔操作していることに等しい。防災教育に引き寄せてみると、アメとはすなわち、楽しいけれども見せかけの防災、ムチとはすなわち、徹底的に怖がらせて思考停止させる脅しの防災のことである。

　われわれは、「Ａ＝北風＝ムチ＝脅しの防災」and／or「Ｂ＝太陽＝アメ＝楽しい防災」——ＡとＢのいずれか一方を選ぶとか、バランスが悪そうだからＡとＢをミックスするとか——、このような二極分化を前提にした思考自体を弁証法的に止揚する（アウフヘーベン、独語でAufheben）必要がある。真に求められるのは、要は、旅人こそが主体性を持って防災に（も）のぞめるようにすることである。旅人こそが、北風にもなれるし、太陽にもなれるような懐深い実践を持続的におこなえば、自らの成長を促すこともできる。旅人が、自分の人生の主人公になれるように、そして、不定の他者も含めた旅人同士が励まし合い支え合えるように、能動性や共同性を引き出す——ラテン語で示されるように、educare、エデュカーレする（英語のeducationの原語）[16]——のだ。

　では、このように事態の閉塞を打ち破るためのビジョンを、われわれはどのようにして具現化していけばよいのだろうか。そのことはまた、本書のなかで詳しく論じていくことになるだろう（特に、**第2章で詳述する実践事例**を参照のこと）。また、本節で提示した問題——児童たちにインプリンティングされた圧倒的な不能感——に対して、事態を超克しようと筆者なりに挑戦したアクションも披露することになる（特に、**第4章第3節**を参照されたい）。

3　四次元のまなび合い

　本書が紹介する防災教育の実践事例は、フィールドの制約もあって、小学生児童を対象にしている場合が多い。すると、どうしても、"教え込む"という知識移転型のかかわりが前景に出てしまいがちになる。その陥穽はまさに、パウロ・フレイレ（1979）が警鐘を鳴らしていたように、「銀行型教育」の典型であると言える。

　学校を銀行になぞらえる理路では、教育の作用を、知識の"預金残高"が少ないとおぼしき児童たちに対して、まるで"貯蓄"を殖やしてやるように投資するものだと措定する。児童の"成長"（教育の効果）は、口座の"残高照会"（いわゆる、学力テストなどのスコアの確認）をすれば、簡単に調べがつく。そして教員の業績も、同様に、児童の"総貯蓄額"でもって推し量ればよいことになる。もっといえば、ひとつの学校において、より少ない投資によってより多くの"資産"（共通試験のアベレージや偏差値などの上昇トレンド）が産出されたことが測定できてしまえば、それが最も効率的な教育手法を具現化したことになる。教育サービスのマーケットにおける、コスト・ベネフィットという物差しによるマネジメントの徹底……。しかしこれは、はたして正当な教育だと言えるのだろうか。

　ここで、もういちど、前節のイソップ童話の物語『北風と太陽』を外挿してみよう。旅人の主体性の発現にフォーカスしたところまでを前節では考察していたのだが、しかしよくよく考えてみれば、旅人とのかかわりによって、北風も太陽も、新たにまなぶ機会を得ていたことになる点が、そこではオミットされていたのだった。通常は「教える」（介入する）ポジションにいるとされる教員や保護者たちは、ともにまなぶ――本書の論脈でいえば、ともに「防災」を通してまなぶ――実践共同体のメンバーであるはずなのだ。児童が成長するさまを見て、まず親が変わり、親が所属するコミュニティも活性化されて、それが反射的・連鎖的に学校の関係者にフィードバックされていき、学校教育のあり方さえも改革される。また、外部支援者であると自認している大学関係者なども、児童から刺激を受けて、次第に変容していくこともありうる。

　このような関係当事者間の「360度の学び合い」（近藤・石原，2020）を、われわれはトータルにまなざすようにするとよいだろう。「コミュニケーション（communication）」とは、one to one のリニアな関係を指すのではなくて、「com（ともに）」、「munus（贈り物）」を贈り合う関係性のことを言う（たとえば、インゴルド，2020）。とどのつまりは、まなび合いのコミュニケーションとは、共同体を一緒に更新する営みのことである。フレイレの「銀行」というアナロジーは、先鋭的で切れ味はよいのだが、あまりにも射程が狭いようにも思える。われわれは、やはりこの実社会のダイナミズムのなかに根をおろして、「防災教育」のありようをトータルに考えていくべきなのだ。

　そのうえで、「Look into the past, look for the future.」などの定型句にも示されているとおり、時間の観点を見失わないことも大切である[17]。過去の災害を、抽象化された「歴史」などではなく、われわれの具体的な「経験」の糧として受け止め、まなび合うこと。また、「未来」につながる備えの観点を、抽象化された「被害想定」や「シミュレーション」だけにゆだねるのではなく、われわれの具体的な「明日」のイメージとして受け止め、まなび合うこと。

　われわれは、現在のかかわりを、たて・よこ・ななめ、360度の座標軸で見渡しながら、さらに時間軸も加えて、「四次元のまなび合い」（co-learning in four dimensions）を充足していかなければならない。いまというポジションにいる自分は、過去の自分を反省することによってさえも、未来の自分のためにまなぶことができる。現在の自己の中にも、過去と未来の自己と他者とが溶けあって存在している点に留意する必要がある。常に、多様ないのちの集合流を想起し続けるのだ。

　「教育の内容（contents）」の枝葉にとらわれるのではなく、現代社会の「教育の文脈（context）」を対自化して再構築（脱構築）していこう。その過程を徹底することによって、「教育の肌理（texture）」、すなわち、かかわり合うことの奇跡、そのありがたさ、かけがえのない"肌触り"を即自的に感得することができるはずだ。だれとだれとが出会い、迷い、葛藤し、だれのことを思いながら胸を躍らせ、喜怒哀楽をともにし、こうしてまなび合って「生（lives）」を享受しているのか……[18]。

4　本書の構成

　序章は、ここまでにしよう。本書の構成は、以下のとおりである。

　第1章では、防災教育学の立脚的となる理論を探索するために、われわれは
なぜ防災教育をおこなうのか、根底的な観点から考察をおこなった。これは、
本章（序章）の問題意識と直結しているチャプターではあるが、きわめて抽象
度の高い議論をしているため、いま、喫緊の「現場」の問題に関心があるかた
は、先に**第2章**に進むことをお勧めしたい。ただし、理論的な洞察は実践を鍛
え、実践的な奮闘は理論を鍛える相互作用があることを等閑視してはならな
い。机上の空論ややみくもな活動が、"砂上の楼閣"の上にありながら、さらに
屋上屋を架すような徒労に終わることは、教育の実践者であれば、だれもがす
でに熟知していることであろう。

　第2章では、わたし自身が8年度間にわたって実施してきた、防災教育をめ
ぐるアクションリサーチの実例をご紹介したい。「まなび合い」のテストケー
スといってもよいだろう。明日からでも応用できる現場重視の内容であると自
負しているが、ノウハウのディテールの適否という観点に留まるのではなく
て、実践の"勘所"こそ読み取っていただけるとよいと思う。

　第3章では、さらに**第2章**を受けて、「インクルージョン」（inclusion：包摂）
と「オープンネス」（openness：開放性）という観点も加えて展開した実践事例
のいくつかを披瀝する。多様な他者を想定して、互いに包摂し合うことの価値
を掬い出し、そこからさらに、より多くの関係者とかかわり合うことを目指し
た模索である。

　第4章では、教育業界にとってみれば混乱の常習犯となっているともみなさ
れる厄介なプロセス、すなわち、「教育効果の測定」を、敢えて逆手にとるよう
なかたちでアクションリサーチを展開したチャレンジの数々を紹介している。
狭い意味での教育心理学的なアプローチの"旧弊・悪弊"に疲れている御仁
は、このチャプターの破天荒をご笑覧いただくとよいだろう。

　第5章では、筆者が提起する「四次元のまなび合い」のコンセプトをふまえ
て、アクションリサーチのフィールドにおいては防災教育の"外部支援者"と

して位置づけられるだけだった大学生側の変容を捉え直してみようとしている。防災を教える、防災をまなぶ、というステージから、もう一段階、大きく飛躍して、「防災を生きる」という高みに立とうとしている。これは、まだ試論の水準である。

　さいごに、**終章**では、「まなび合い」を駆動する支援者に求められる要諦を「BACEV+L モデル」としてまとめてみた。これもまた試論（私論）ではあるが、本書が措定した問題意識からすれば、必然的に記述しておかざるをえなかった主張である。

　あらあらしく書き下ろされた本書が、千年先の未来に向けて防災教育学を彫琢していきたいと希求している同志のみなさんの"捨て石"に——願わくば、"礎石"に——なることを願っている。

〈補注〉

1）「希望」という概念の内包や外延を探索する際には、東京大学社会科学研究所の『希望学』シリーズが大変参考になる。

2）たとえば、東日本大震災復興構想会議が震災の約3カ月後に提出した報告書のタイトルは、「復興への提言〜悲惨のなかの希望〜」であった。ここにセットされた希望という2文字を、あのとき東北で絶望していた人々は、どのように受け止めたのであろうか。

3）ここでは、矢守克也（2013）の議論を念頭に置いている。当該著作の第3章、「『安全・安心』と災害情報」を参照のこと。ラテン語の「se・cura」（英語の security の原語）という言葉の成り立ちをふまえるならば、「安心」とは、問題事象の対応処理を外化（アウトソーシング）して、当の本人は気遣いを免れることである——「se」：〜から離れて、「cura」：気遣い——。したがって、良きにつけ悪しきにつけ、「安心」とは「忘却」をはじめるための第一歩とさえ言いうるだろう。矢守克也（2013）では、「災害は忘れたころにやってくる」という警句は、本来的には「災害は安心したころにやってくる」と置換することができると指摘している。

4）筆者は、1994年4月から2014年3月まで、NHKでディレクターをしていた。特に、阪神・淡路大震災に関する「NHKスペシャル」を数多く企画・制作した。NHKスペシャル『メガクエイク　巨大地震』で、内閣総理大臣賞を受賞。中国四川大地震の被災地には発災5日後に入り、NHKスペシャルの制作に参画した。

5）たとえば、三浦天紗子の著作『震災離婚』（2012）にもあるように、災害によって

「家族」が崩壊・離散したときの悪影響が、子どもたちの人生を大きく狂わせることもある。

6）拙著『災害報道とリアリティ──情報学の新たな地平』（2022）では、中国四川大地震の急性期から復興期にかけての、被災地における報道のなされ方について分析している。

7）防災教育の泰斗・諏訪清二（2015）は、「防災教育の底流には命があります」と断言している。たとえば、若松英輔の著書『魂にふれる──大震災と、生きている死者（増補新版）』（2021）などを一読してみることをお勧めしたい。いのちの遍在・臨在を唱えると、まるでオカルトやスピリチュアル・ムーブメントのようだと読者に誤解を与えてしまうかもしれない。もしくは、「ガイア仮説」や「ミトコンドリア・イブ仮説」を強弁してくるのかと、いぶかしく思われてしまうのかもしれない。しかし、ここでは、ごくフラットな事実を想起している。たとえば、英米圏で使用している「インスパイア（inspire）」、すなわち、「ひらめき」という言葉は、ラテン語の「in-（中へ）」＋「spirare（息）」という言葉から成り立っている。他者のスピリット（spirit）である「たましい」や「いのち」が自己の中に入ってきたとき、人はひらめくことができる。このときの「他者」は、もちろん実際に眼前にいる必要はない。過去にいた人、つまり、死者の「たましい」でもかまわない。死者のいのちと生者のいのちは、いつでも感応し合うことができる。安田　登（2014）の言うように、和語の「かんがえる」という言葉も、「か・み・がふ」、すなわち、身体（いのち）が交流することを表している。いとうせいこうの発想を借りれば、要は、チューニングの問題なのである。これを哲学者の内山　節（2015）は「いのちの諒解」というコンセプトで剔出している。共同想像──共同幻想ではない──を成立させる文化的営為がいのちを認識させる。これは、内山の言うとおり、「時空的認識」である。筆者は、このビジョンを「四次元」という言葉に置き換えている。大森荘蔵の哲学を継承しながら小倉紀蔵（2012）が指摘していることも、参考になるだろう。小倉は、「多重主体性」というコンセプトを提起して、「〈いのち〉とは、〈たましひ〉がやどり、うごめき、運動する〈ことかげ〉のこと」であると主張している。だから〈いのち〉は気づき」なのだ。「わたし」というイメージで認識される「わたし」とは、すなわち、〈ことかげ〉という知覚の束である。これは、杉万俊夫（2000）の「かや」のコンセプトと重なっている。なお、梅原　猛が、宮沢賢治の法華経的世界観を説明するなかで、次のように指摘していることも参考になるだろう。いわく、「すべてのなかに、すべてがある。人間も動物も植物も鉱物も、ぜんぶいのちを持っている。そして、それが共存している」（梅原・河合・松井，1999）。これは、20世紀が終わろうとしているときにおこなわれた講演会で発せられたフレーズである。このとき、同

14

席していた松井孝典は、「いまの学校教育は基本的には要素還元主義に基づいていますから、いのちを理解させることはなかなか難しいのではないか。いのちとは人間を取りまく全ての世界との関係性のうえに定義できるわけですから他と積極的に関わることが重要です」と言っている。

8） たとえば、「#教師のバトン」プロジェクトによれば、現場の教師からの悲痛な声が巷間にあふれかえっていることが報告されている（文部科学省, 2021; NHK, 2021）。日本の教育現場において慢性的なゆがみ・きしみが生じていることに対しては、藤森　毅（2021）の著作が参考になる。この論考では、教員不足という構造的な問題の淵源を丹念に分析してくれている。また、ここでデヴィッド・グレーバーの『ブルシット・ジョブ──クソどうでもいい仕事の理論』（2020）を想起した人もいるかもしれない。教員の仕事は決してブルシットではないが、それに類するタスクは、かなり多く含まれているものと考えられる。教員のいのち、そして子どもたちのいのちを守るためにも、根本的に教育環境が改善されることを切に願う。

9） 防災学者の重鎮、室﨑益輝（2022）は、「悲観的に想定することに関わって、過度に恐怖をあおり立てる傾向が生まれており、楽観的に準備することに関わって、耐えがたい代償を押し付ける傾向が生まれつつある」と指摘している。

10） ただし、「防災訓練」、「非常用（持ち出し）袋」という回答は、それぞれひとつだけあった。

11） 教育学的に言えば、このような心持ちは、「自己効力感」が削がれた状態の典型として意味づけしたくなる。しかし、実践を通して参与観察を続けていると、子どもたちの胸中には、単純な無力感だけが宿されているわけではないことが見えてくる。実際には、大人たちのマインドのミニチュアなコピーとして、マルクス・ガブリエルが危惧しているような「PRNC：pluralism, relativism, nihilism, cynicism」（多元主義・相対主義・ニヒリズム・シニシズム）が複雑に絡まり合ったマインドを形成しているものと捉えておくべきであろう（丸山俊一・NHK「欲望の時代の哲学」制作班, 2020）。だからこそ、大人が甘言を弄して提示する「ニセモノの防災」に対して、強い嫌悪感をいだく児童がいるのである。

12） ここでは、講談社の『世界のメルヘン1　イソップ童話──北風と太陽』（1980）を参照している。このバージョンにおいては、物語の最後に、以下のとおり、わざわざ訓示のセンテンスが置かれている。「このように、やたらにきびしくおしつけるより、おだやかにじっくりいってきかせてやるほうが、ききめのおおいことがよくある、というわけです」。

13） たとえば、前掲した室﨑益輝（2022）では、「防災教育がブームのように広がっているのはいいが、一面的に知識を押し付けているだけ、遊びに矮小化して満足してい

るだけ」と、厳しく論難している。ここで室﨑が主張している理想像は、「社会的関係性のなかで、心が優しく"生活にも災害にも強い人間"」を育てることである。「人間が強くなること、人間が賢くなること、人間が優しくなること」というキャッチフレーズも掲げられている。このような観点を継承して、本書では、さらに学理的に考究していこうとしている。

14) 誤解のないように急いで付記しておくと、筆者は「ニセモノの防災」と「ホンモノの防災」というダイコトミー（二項対立の図式）を先鋭化させたいわけではない。真意はその逆であって、このようなカテゴリーやイデオロギーの小競り合いから、関係当事者が早く解放されることを願っている。俗に"子どもだまし"というエクスキューズでなされている取り組みは、だましている対象が子どもたちであるように見えて、その実、当の本人（大人たち自身）がだまされている場合のほうが多い。そのような自己欺瞞（self-deception）は、子どもたちに見透かされている点においてきわめて残念なことであるし、子どもたちがニヒルな感情をいだきながら模倣してしまう点においても残念である。

15) 内田　樹は、著書『複雑化の教育論』（2022）のなかで、このように一筋縄ではいかないことを、まずはそのままに受け止めるタフネス（toughness）を陶冶すべきであると主張していて、これを「未決状態に耐える能力」というコンセプトによって結晶させている。また、諏訪清二（2015）は、防災教育に必要な要素は「整理と混乱」であると指摘し、この二極を往還するなかでこそ、真のまなびが生まれる旨、著書のなかで抉出している。さらに、数学者の森　毅（1988）なども、かつて、「人間が生きていくというのは、本来はややこしいものだ」と唱えて、わからないことを飼っておく"頭の牧場"が大事なのだと主張していた。なお、玄侑宗久（2011）によれば、次に何が起きるかわからない状況に対して順応していくことが、「風流」という言葉の原義だという。常見でもなく、断見でもない。どうなろうとも、まずはすべてを受け入れ、揺らぎ続ける。これも、タフネスのひとつの類型であると言えるだろう。

16) 前掲した室﨑益輝（2022）では、「伝える教育」や「与える教育」から、「育てる教育」や「引き出す教育」に転換していくようにと促している。「減災の主人公となる一人ひとりの主体性を引き出す教育が必要」とも指摘している。本書では、この貴重なサジェスチョンが持つポテンシャルにも配視していくことになるだろう。

17) 内山　節（2015）は、前掲した著書で、次のように指摘している。「自然や他の人びととの関係を横軸の関係と呼ぶなら、（略）もうひとつ過去や先祖との関係としての縦軸の関係が存在している」。そして、おわかりのように、この縦軸は未来にもつながっている。

18) 今井むつみ（2016）は、「探究人を育てるには、自分が探究人になるしかない」と喝
破している。防災を通してまなび合うための理路を探索しようとのぞむのであれば、
まずもって、自分自身が「防災を生きる」ことのすばらしさを感得する渦のなかに
身を置くしかないだろう。

〈参考文献〉

デヴィッド・グレーバー（2020）『ブルシット・ジョブ——クソどうでもいい仕事の理論』
酒井隆史・芳賀達彦・森田和樹訳，岩波書店．

藤森　毅（2021）『教師増員論——学校超多忙化の源をさかのぼる』新日本出版社．

玄侑宗久（2011）『無常という力——「方丈記」に学ぶ心の在り方』新潮社．

今井むつみ（2016）『学びとは何か——〈探究人〉になるために』岩波書店．

イソップ（1980）『世界のメルヘン 1　イソップ童話——北風と太陽』呉　茂一訳，講談社．

いとうせいこう（2015）『想像ラジオ』河出書房新社．

近藤誠司・石原凌河（2020）「"360 度の学び合い"を重視した持続的防災学習の検討——
和歌山県広川町・こども梧陵ガイドプロジェクト」『防災教育学研究』第 1 巻第 1 号，
pp.67-79．

近藤誠司（2022）『災害報道とリアリティ——情報学の新たな地平』関西大学出版部．

丸山俊一・NHK「欲望の時代の哲学」制作班（2020）『マルクス・ガブリエル　欲望の時
代を哲学する II ——自由と闘争のパラドックスを越えて』NHK 出版．

三浦天紗子（2012）『震災離婚』イースト・プレス．

文部科学省（2021）「『# 教師のバトン』プロジェクトについて」　https://www.mext.go.jp/
mext_01301.html（2022.4.3. 最終確認）

森　毅（1988）『まちがったっていいじゃないか』筑摩書房．

室﨑益輝（2022）『災害に向き合い、人間に寄り添う』神戸新聞総合出版センター．

NHK（2021）「"教師のバトン"　想定超える悲痛な声」NEWS WEB（2021.4.8.）
https://www3.NHK.or.jp/news/html/20210408/k10012963621000.html
（2022.4.3. 最終確認）

小倉紀蔵（2012）『〈いのち〉は死なない』春秋社．

パウロ・フレイレ（1979）『被抑圧者の教育学』小沢有作・楠原　彰・柿沼秀雄・伊藤
周訳，亜紀書房．

レイチェル・カーソン（1996）『センス・オブ・ワンダー』上遠恵子訳，新潮社．

杉万俊夫（2000）『看護のための人間科学を求めて』楽学舎編，ナカニシヤ出版．

諏訪清二（2015）『防災教育の不思議な力——子ども・学校・地域を変える』岩波書店．

ティム・インゴルド（2020）『人類学とは何か』奥野克巳・宮崎幸子訳，亜紀書房．

東大社研・玄田有史・宇野重規編 (2009)『希望学［1］希望を語る──社会科学の新たな地平へ』東京大学出版会.

内田　樹 (2022)『複雑化の教育論』東洋館出版社.

内山　節 (2015)『いのちの場所』岩波書店.

梅原　猛・河合隼雄・松井孝典 (1999)『いま、「いのち」を考える』岩波書店.

若松英輔 (2021)『魂にふれる──大震災と、生きている死者　増補新版』亜紀書房.

矢守克也 (2013)『巨大災害のリスク・コミュニケーション──災害情報の新しいかたち』ミネルヴァ書房.

安田　登 (2014)『あわいの力──「心の時代」の次を生きる』ミシマ社.

第1章

防災教育学の立脚点

1 倫理の虚構性

　現代日本社会において、防災教育を促進することは、ごく当たり前のことであって、いまさらその意義（大義）に疑問を差しはさむ余地など微塵もないように思える。2011年3月11日に端を発する東日本大震災の経験をふまえれば、二度と同じような“過ち”をおかさないためにも、防災・減災の理念を学校などにおいて早急に具現化し“社会実装”することは、当然の最重要課題であって、もはや足踏みすることなど許されないようにさえ見える。もしそうであるならば、あとは、どのような知識や技術を（WHAT）、どのような方法によってインストールすればよいのか（HOW）、どのような時機において（WHEN）、どのような環境において（WHERE）、どのような主体を巻き込めば効果的なのか（WHO）、テクニカルな事柄の子細を愚直に吟味・検討していけば事足りるということになるのだろう。すでにして、防災教育学の問題設定のステージは、「方法論」の水準にしぼられているのかもしれない。

　しかし、実際に被災地に赴き、ほんのすこし耳を澄ませば、前段で“過ち”と記した事象の捉え方自体に強い違和を残している人々が大勢いることがわかるだろう。ここですこし、世に流通している“過ち”というディスコース（言説）の代表的な類型を眺めてみよう。「人々は巨大津波という自然の猛威を侮っていたのであり、大勢の犠牲者を出したことは防災に関する普及啓発活動の不足を浮き彫りにした」、「人々は土砂災害や豪雨災害のメカニズムに対して、あまりにも無知だったから逃げ遅れたのだ」、「住民は火山活動を見くびっていたのであり、愚かにも避難の情報を十分に活用していなかった」、「防災リ

テラシーの欠如が露呈した」、「雷が落ちること、雪崩が起きること、竜巻が襲うことなどはわが身には及ばないと、正常性バイアス[1]に縛られていた」等々である。このような単純素朴な「欠如モデル」による"被災"という事象の意味づけ方は、倫理的な意味において、はたして妥当であると言えるのだろうか。

　この点に関して、ここではあらかじめ見取図を手にしておくために、大澤(2012)の指摘を引照しておこう。大澤は、極限的な状況、とりわけ災害や破局を例にあげて、「倫理の虚構性」というコンセプトをあぶりだしている。たとえば、ナチスの強制収容所という過酷な環境のなかに押し込められて、もはや"生きる屍"のようになった人々——隠語で"ムーゼルマン"[2]と呼ばれていた——に対して、「動揺するな」、「威厳を保て」、「そもそもおまえたちは平和な社会を構築するために、これまでどれほど真剣に取り組んできたと言えるのか」と叱咤するようなことは、きわめて"恥知らず"な印象を与える。論理的な次元において、事前の対策——ここではナチスに抵抗すること——が重要であったことはまだわかるとしても、それを死の淵にある人々に直言することに関しては、倫理的な次元において違和が残るのではあるまいか。安全な立ち位置からレトロスペクティブ（過去回顧的）な観点で事態を批評するだけならば、何とでも言える。「正論」らしきことは、すぐに吐くことができる。しかし、その正論が示すような行為は、「あなた自身」もなしえたことだと言えるのか。事の渦中に身を置いたと仮定したときに、「あなた自身」も失敗せずに遂行できたと断言できることなのか。

　同じように、津波被害でなにもかも失って絶望している人たちを前にして、「そもそもおまえたちは、事前の防災活動に全力を尽くしてきたと言えるのか（してこなかったから、"過ち"をおかしたのだろう）」と難詰することは、やはり"恥知らず"な行為として受け止められるはずである。さらにいえば、津波で命を落とし、人生を終えた死者たちに対して、同様のフレーズを使って、"過ち"だった、"無駄死に"だったと判定をくだすことに、どれほど共感することができるというのだろう。

　それにしても、このような違和はなぜ生まれるのか。ここで大澤は、倫理は全面的に「偶有性（contingency）」に依拠しているからだと喝破している。コンティンジェンシーとは、平たく言えば、「他でもありえたこと」である。

　破局を逃れた人は、自分たちが生き延びたことに関して「幸運」(luck) だったうえに、いま自分たちが倫理的なふるまいをすることができる安全なポジションにいることにおいても「幸運」なのだ。この二重の意味での「幸運」は、しかし「他でもありえたこと」でもある。だから明日には、その「幸運」な立場は不幸にも失われているかもしれない。地震が起きて落下物によって不意に命を落としているかもしれないし、雷に打たれて即死しているかもしれない。逗留している海際の宿で津波にのまれているかもしれない。他でもない「あなた自身」が不幸に見舞われる側にいて、周りの他者のほうが「幸運」にいだかれて、「あなた自身」の“過ち”を“恥知らず”にも批評している可能性さえあるのだ。しかも、そのような「あなた自身」の想定を超えるような出来事は、わざわざ災害などを例に出すまでもなく、人生においていくらでも到来しうる。事故や大病、感染症の流行拡大、犯罪による被害、紛争や戦争……。

　“過ち”という表象は、実際には、事象の責任を自己（本人）に帰することができると信じているサイドからの一方的なラベリングに過ぎない。たまたま自分が偶然にも「幸運」——これも大澤からの引き写しであるが、これはある意味では、一種の moral luck とも言えよう——な側にいることに依拠して、他者の不幸な帰結を指さして、「なぜあらかじめ〜しておかなかったのだ」と事後的に問うことの欺瞞・偽善を、われわれはいま一度、立ち止まって考えてみる必要がある。防災の教訓集などの多くは、悪い意味での「後出しジャンケン」(hindsight)[3] なのではあるまいか、と。

　しかし、もちろん、そのようなダークサイドを十分に認識したうえで、それでもわれわれは、防災をまなぼうとしている。未来を予測し、災厄に備えたいと考えている。それは、なぜなのか。防災教育とは、とどのつまり、どのような営みだと言えるのか。このような根底的な BIG WHY の視座を、その他の4W1Hの議論の枝葉や混濁にのみこまれる前に確保しておかなければならないものと考える。本章の問題意識は、以上のとおりである。

　そこで以下、3つの視角から考察をおこなう。次節（第2節）では、われわれは「防災実践共同体」のメンバーとして、好むと好まざるとにかかわらず、皆すでに当事者として防災を通してまなび合う渦中に投げ込まれていることを、有名な「トロッコ列車問題」を援用しながら論理的に証明する。続く第3

節では、防災教育の根本にある倫理が偶有性に依拠しているからこそ——すなわち「倫理の虚構性」を前提にしなければならないからこそ——、われわれは多様なアプローチによって防災教育にチャレンジすることに意義を見出さなければならないことを確認する。そして第4節では、大澤（2013）の「余剰的同一性」の概念を引照しながら、「防災教育」という既定のテーマのなかに、未定の倫理の萌芽さえ胚胎していることを導出する。さいごに第5節で、本章における理論的な考察の実践的なインプリケーションを確認したのち、本章の課題と展望を述べる。

2　防災教育の当事者性

　「防災なんて、大人に任せておけばよい」と考える児童・生徒も大勢いることだろう。そして大人たちのなかにも、「防災担当者に任せておけばよい」と考えている人も大勢いることだろう。「わたしは関係ない。それどころではない。だから、防災を偽善者ぶって押し付けないでほしい」とか、「願わくば、こんな面倒なことにはかかわりたくない。奇特な人に任せておけばよい」とか、そんな本音を、防災教育や地域防災の活動に参加したことがある人であれば、一度ならず、耳にしたことがあるにちがいない。
　こうしたうしろ向きな姿勢を見せつけられたときに、「いや、防災は大事なことなのだから大事になすべし」というトートロジー（同義反復）でもってして説得を試みようとしても、奏功するべくもない。反感や反発が輪をかけて大きくなることさえ予測される。そこで、声色を替えて、「自分の命を守るために」とか「愛する人の命を守るために」とか、ごくわかりやすい目的を明示することで仲間に引き込もうとする向きもある。しかし、いままさに、「自分自身」のことを棚にあげようとしている人に対して、自分自身の命を守る意義を説いたとしても、それはやはり"余計なお世話"であろうし、他者の命を守ることを目的に掲げて利他的な献身を求めてみたとしても、心理的なハードルが下がるとは限らないだろう。防災は、自己の生命にかかわることであるからこそ余計に、自立した人たちからは、"そんなことは関係ない（おまえに言われる筋合いはない）"というレスポンスが返ってくるものである。

　このすれ違いの閉塞した関係性を整理してみると、ここには二重のアポリアが隠されていることがわかる。ひとつは、防災という営みの究極の目的は、本当に生死を分かつ未定の危機を回避すること（だけ）なのかという根源的な問い、そしてもうひとつは、そもそもあなたは防災に関して無関係であると言えるのかという本源的な問いである。本節では、まず後者を検討してみよう（前者に関しては、おもに次節でふれることになる）。ここで援用するのは、倫理学上、あまりにも有名になった「トロッコ列車問題」である。

　フィリッパ・ボーザンケト（のちのフィリッパ・フット）が、「分岐線問題」を『オックスフォード・レビュー』に発表したのは1967年のことだったという。迫りくる暴走したトロッコ列車、このまま見過ごせば5人の男を跳ね飛ばす大惨事になる。たまたまわたしの目の前には転轍機のレバーがある。これを動かせば、5人の命を救うことができる。しかし、進路を変えた暴走列車は、別の線路上にいる1人を巻き添えにすることになる。あなたは、レバーを動かすべきか、否か。

　この倫理的なジレンマは、その後、いくつものバリエーションを生み出し、半世紀以上経ったいまでも世界中で熱心に議論がおこなわれている。衆知のとおり、「トロリオロジー（路面電車学）」という学問領域が形成されてさえもいる[4]。そして巷間でも、たとえば、「トロッコ列車の接近を、太った男が橋の上から眺めていて、この男を突き落とせば列車の暴走を食い止めることができる、あなたはどうしますか」というバージョンが有名になり、バラエティ番組のトークテーマになったり、『太った男を殺しますか（*Would You Kill the Fat Man?*)』という著作が発刊されたりもしている。さらに2009年の「TEDカンファレンス」では、「地震後に津波が発生、一刻も猶予がない状況下で、浜辺にいるナイジェリア人5人に危機を知らせるか、それともイギリス人1人に知らせるか、どちらを選びますか」というジレンマ状況に置換して、その回答を、当時のイギリス首相が求められるというハプニングが起きて話題を呼んだ。

　こうした難題を前にしたときに、多くの人が単純素朴に感じるのは、結局は、「議論のための議論をしている」──自分たちは無関係であり、当事者ではない──という感覚ではないだろうか。そして、ここで本書の主題である防災教育学の分野に引き寄せて考えてみれば、大きく2点、トロリオロジーの

「問題設定の仕方」自体が問題を内包していることに気付くだろう。

　ひとつは、ごくシンプルに言ってしまえば、未来は精確には予見できないということである。線路の先に、一体何人の人がいるのか、実際には確定した情報があらかじめ得られるとは限らないのだ。したがって、いわゆる功利主義的な"ソロバン勘定"をすること自体が、そもそも成り立たない。片方におよそ数人、もう片方にもおよそ数人いるという情報があったとしても、そのような曖昧模糊とした情報を比較考量すること自体、意味をなさない。ところで、もうひとつの「問題設定上の問題」が、根柢的に重要である。われわれは、確かにトロッコ列車の行く末を案じているのだが、そのわれわれの真なるポジションは、トロッコを外部から傍観する地平などにあるのではなくて、実は将来の災害リスクに向かって走らざるをえないトロッコにすでに乗り合わせているということである。予見しがたい未来を見据えて、それでも舵を握らなければならない状況下——まさに、リスクの原語となった risicare（座礁しないように船を漕ぐ）をしている状況下——に、われわれは好むと好まざるとにかかわらず投げ込まれてしまっている。その渦中でのふるまい方が鋭く問われているのであって、自分に火の粉が飛んでこないポジションで漫然と考えている安穏な状態を設定するのは、はじめから次元が異なり過ぎていると言わざるをえないだろう。災害が、常にテレビモニターの向こうで起こるものと措定しているに等しい誤ったポジショニングである。

　渦中のプレイヤーたちが切迫した事態に「内在」していることを深く認識したうえで対応を検討するのでなければ、納得のいく解法など見出せるはずもない。トロッコ列車問題を安全地帯——事態の渦中から「外在」した立ち位置——から解くスタンスは、そもそも共通する足場を築けていないという根本的な欠陥を抱えている。

　フィリッパ・フットの問題設定の原型においては、実は、ジレンマに陥る主人公は「傍観者」のポジションから危機的な事態を眺めていたのではなく、トロッコ（実際にはトラム）の運転手のポジションで危機の渦中にいたのだという。このことは、リスク社会論[5]の論脈からも、あらためて注視しておく必要があるだろう。われわれはこの難局に対して、何らかの行為をなすことも、そしてなさないこともできる。ただし、その作為／不作為に対する社会的責任か

らは、だれも逃れることはできない。社会の構成員すべてが事態の当事者であるという点において、すでにして同じポジション（「リスクの前の平等」——ただしもちろん、現有の資源がすでに不平等である点に関して慎重に配視する必要がある——）に立っている。リスクをめぐる対応行動のひとつである防災の営みや防災教育のアクションは、本源的な意味において、純粋に無関係な人を生み出しえない。こうして、われわれが「防災実践共同体」の当事者であることは、意識の差や行為の違いがどうであれ、論理的には必然であると言える。「わたしは防災関係者ではない」というフレーズは、形式的な意味を解することはできるが、内容としては空疎である。

3　防災教育の偶有性

　では次に、「偶有性」（contingency）との関連から、防災教育の土台となる倫理とは一体どのようなものになるのか、「倫理の虚構性」を超克したその先の地平を検討していこう。

　まず、本章の問いをハイライトするうえで、注目すべき社会現象をひとつおさえておこう。それは「REG」というムーブメントである。「REG」とは、Raising for Effective Giving の略号であり、この名前を冠した団体は効率的なチャリティのあり方に関して助言を与えてくれる。

　この団体のウェブサイトにアクセスすると、トップ画面には次のようなメッセージが表示される[6]。

DONATION ADVICE TO MAXIMIZE YOUR IMPACT
Giving to the right charities means your donation can save hundreds of lives. We provide the information you need to maximize the impact of your philanthropy. Our donation advice services are completely free and tailored to the giving opportunities best suited to you. Why do we do it? Because we strive for a world where the worst problems are solved as soon as possible.

ところで、効果的・効率的なチャリティ、"正しいチャリティ"（right charities）とは、いかなるものなのか（シンガー, 2015）。それはたとえば、同じ 100 ドルを使って社会貢献するにしても、より多くの命を救うことができる手立ては何かを"客観的に"比較考量して、より多くの結果を残せる事業のほうを"合理的に"選択することだという。難病患者ひとり救うために 1 万ドルを寄付するよりも、マラリア蚊による感染を防ぐための蚊帳をたくさん購入すれば、数名の命を一度に救うことができる。さらに、数千キロも離れた遠い南国の島々を訪問して、自身がマラリア撲滅運動に参加することは"交通費がかさみ無駄"なので、結局は、自国に留まり寄付すればよいということになる。論理的には正しそうなこの見解を、われわれははたして是とすべきなのだろうか。

　もうすこし災害の分野に引き寄せて事例を置き直すと、以下のようなケースがあてはまるだろう。防災に投資できる財源が限られているなかで、たとえば、山奥の限界集落のわずか数十の高齢世帯のためにハードウェアを整備するよりも、都市域の人口稠密なエリアのインフラを強化したほうが、よりスマートだと考えること。遠い被災地に時間とお金を費やして救援ボランティアに出かけるよりも、身近なところで寄付を集めて送金したほうが、無駄なく無理なく支援したことになると考えること。もともと防災に高い関心のある"モデル校"とコラボしてハイスペックな防災教育を施すプロジェクトを興したほうが、基礎的な学力に心配があるとされる"底辺校"で時間をやりくりしてわざわざ防災に"お付き合いさせる"よりも、明確な成果も高い評価も手早く得られると考えること……。

　このような疑念に対してすこしでも理論的に応えていくためには、「疎外論」と「進化論」の知見を援用して、思考の迂回路をたどるのが有益である。まずは前者、「疎外論」に関して、順を追って説明していこう。真木悠介は『現代社会の存立構造』（1977）において、人間・自然・社会の関係を、次のように整理している。

　　本源的に〈自然内存在〉としての人間は、〈労働をとおしての享受〉という、時間性の次元において媒介された構造を獲得することによって、対・自然存在へと自己を形成する。また一方で、本源的に〈社会内存在〉とし

　ての諸個人は、〈譲渡をとおしての領有〉という、社会性の次元において
　媒介された構造を獲得することによって、対・社会存在へと自己を形成する。

　このように、現代社会を生きるわれわれは、ほとんどの場合において——ゲ
マインシャフト（生得的な本質意志によって結び付いた有機的な共同社会、ドイ
ツ語：Gemeinschaft）の内部に溶融しているような即自的な状況や関係性を維持
することはできずに——、ひたすら〈媒介〉するモノを通して、つながり合っ
ている。代表的なモノとしてすぐに思い浮かぶのは、商品や貨幣、法システム
や慣習・制度、そして、言葉や情報などである。
　問題は、この〈媒介〉によって人々が「疎外」され、〈媒介〉が絶対的なプレ
ゼンスを持つようになった——「物神化」した——局面において、今度は〈媒
介〉によって人々が衝き動かされるドライブが生まれてしまうことである。そ
のとき、人々の主体性は〈媒介〉するモノたちの"奴隷"となる。
　そしてもちろん、自然や社会という「他者」が、ただ剝き出しのままに直結
／直流していればよいというわけではない。矢守（2016）も、真木の議論を慎
重にふまえながら次のように指摘している。

　〈内・存在〉の図式のもとにある人間にとって、自然と社会（他者）は、汲
　めども尽きぬ幸福の源泉である。しかし同時に、それらは底知れぬ不幸の
　温床でもある。これを、自然または他者が人間に対して有する「原的な両
　義性」という（略）。次に、他者（社会）について。他者は、人間にとって、
　生きるということの意味の感覚と、あらゆる歓びと感動の源泉である。一
　切の他者の死滅したのちの宇宙に存続する永遠の生というものは、死と等
　しいといってよい。

　ところで、この〈内・存在〉から〈外・存在〉に転回する契機——もしくは、
飛躍——を、矢守（2016）は、本源的共同体の外部要因に、すなわち「自然の
脅威（災害）」と「他者の脅威（戦争）」に見ている。自然による収奪に備えるた
めに、科学や技術などの〈媒介〉を通して、人間は自然と関係するようになっ
た。またさらに一方で、他者による収奪に備えるために、組織や制度などの

〈媒介〉を通して、人間は社会と関係するようになった。後段で例示された戦争を、マイルドな紛争や混乱といった状態にまで引き延ばしてみれば、災害とは、「自然の脅威」と「他者の脅威」が重層的に襲いかかる"大いなる苦難"として位置づけることができよう。人類の歴史は、まさに災害との闘いの歴史でもあった。

　したがって、「地域防災力の向上」、「災害ボランティア」、そして「防災教育プロジェクト」などの実践は、それだけで、この転回点——〈内・存在〉から〈外・存在〉に転回する契機——を見据えることのできる無二の営みだということもできる。ただしここでは、このようなこと"だけ"に活動の意義を押し込めることは回避して、先に進もう。

　真木が『現代社会の存立構造』において、カール・マルクスの『資本論』を一般化して読解したのと同じ地平に立ちながら、本章では、シモーヌ・ヴェイユの箴言を引いておこう。ヴェイユは、もちろん〈媒介〉という言葉など使用していないが、〈媒介〉や「疎外」の陥穽を、次のように告発している（ヴェイユ, 2017）。

　　人間を自身が生み出した諸発明の奴隷に貶めた陥穽を、厳密なやりかたで
　　白日のもとにさらすべく努めねばならない（略）。

　そのうえで、ヴェイユは、かけがえのないモノやコトと対置される、社会に増殖する〈媒介〉物たち——たとえば、商品や貨幣など——による「疎外」に対して、「量の重みに屈する精神は、もはや効率性のほかに規準をもたない。いずれにせよ、なにかの規準は必要なのだから」と、リアリズムの釘を刺している。

　人間の生の営みにおいて、人が人を見ず、ただ〈媒介〉物のほうを見るようになれば、ヴェイユの言うとおり、そこには「効率性」（efficiency）の罠が待ち受けている。ひとつの事業をなす際に、組織や団体が「目標」を明確に設定し、活動をシステマティックに管理・統御し、成果を導き、業績を評価する。その全過程にある〈媒介〉物——それは、もはや人の顔を持たず、抽象化された数値などで表象される——との関係性を最重要視するようになれば、おのずと、無駄なく無理なくトラブルなく、「目標」に最短距離で到達するやり方の

みを称揚する空気に支配される。

　この論理を実践の場で貫徹しようとするならば、たとえば、自身がマラリア蚊によって感染するリスクをゼロにすればよい。すなわち、書斎のパソコンに向かって、クラウド・ファンディングを通してワンクリックで寄付をおこない、ひとりでも多くの命を救うこと、これが現代社会においては最大の善行をなしたことになるのだ。

　しかしそれでも、理論的に考えてみれば、そこには疑問を差しはさむ余地がまだ残っているように思える。まず、完璧な目標を設定することは、物理的には困難である。また、目標が達成されるまでに起きるであろう「想定外」をすべて「想定内」に含み込むことは、原理的に不可能なことである。さらに、目標設定のプロセスに、組織や団体のだれもが参加できるわけではない。他のだれかが設定した目標は、自分にとってのぞむべき目標となっているとは限らない。一方で、仮に万人が納得することができて、完全に達成確実な目標があったとすれば、それはもはやチャレンジする価値のある事業とは言えないだろう。

　このような「目標からの疎外」は、構図が至極単純であり、経験に照らして理解することもたやすい。しかしそれよりもなお深刻なのは、「目標への疎外」状態である。「目標」が〈媒介〉物として「物神化」している社会では、ひたすらに目標に向かって効率的に突き進むことを是としてしまう。この局面では、イヴァン・イリイチのコンセプトとして有名になった「逆生産性」の病態が、やがて社会を蝕むことになる。たとえば、新薬の販売目標を達成するために、わざわざ病気を"発見"し、グローバルに病気の撲滅キャンペーンを展開して、かえって社会で不健康な状態を拡大再生産するがごとき逆機能のドライブである。

　「目標への疎外」は、さらに深刻な閉塞感を人々の間に生み落とすことになる。それは、真木（2003）のいう「インストゥルメンタルな時間感覚」が際立ってしまう、息の詰まる状態である。人々は「目標」が明示されているがゆえに、まだそれが達成されていないという「未達成感」に苛まれて、不足や課題にばかり目を向けるようになってしまう。"いまこのとき"という時間を、道具（instrument）として使うようになったとき、かけがえのない一度きりの生の営みを享受している「コンサマトリーな時間感覚」——consummatory は

日本語に翻訳することが難しい言葉であるが、現時充足的と訳すこともある
——は、後景へと退いてしまう。「目標」を金科玉条のものとして、すべては明
日への準備であり、未来への投資であるとみなす成長主義・成果主義的な身構
えは、確かに現代社会においてはドミナント（優勢）である。しかしそれを是
とするならば、防災教育という営みは、「実際に災害が起きなかったとしたら、
取り組みのすべては空振り、壮大なる無駄な投資」だったと事後的に認定され
てしまうかもしれない。防災教育を、銀行型・保険型のフレームにあてはめて
考えているかぎり、防災教育の可能性の中心を見逃すことになる。防災教育の
ポテンシャルを十全に解放するためには、「防災」という対象（object）を外部
に措定して目標（objective）に向かって目的相関的にコントロールし合うこと
ではなく、「防災」を通してまなび合うことを目指さなければならない（第5章
も参照）。

　上述したように固定化された「目標」の二重疎外[7]（from：〜からの疎外／
to：〜への疎外）のドライブによって、社会に貢献する意図が明瞭なチャレン
ジになればなるほど、人々の生を豊かにする営みからは大きく逸れてしまう危
険性がふくらんでいく。それこそが、「効率性（efficiency）の罠」である。

　ここで、効率性の観点と対置させておきたいのが、本章で「倫理の虚構性」
の前提として考えている「偶有性（contingency）」の観点である。社会の全般
を覆うかに見える目標管理型のシステム——目標や計画を〈媒介〉に駆動する
社会——を客観視するために、ここでは大澤（2011）が着目した「進化論」と
「絶滅論」のアイデアを導入して、さらに考察を進めていこう。

　ここに言う進化論とは、ダーウィン流の「適者生存」のシンプルな生物進化
論のことを指している。ところで社会進化論においても、同様に、強者が敗者
を押しのけ、時代の適者こそが生き残るとするシンプルな考え方が流布してい
る。しかし、デイヴィッド・ラウプ（1996）によれば、これでは、生命誌や人
類史のごく一面しか見ていないことになるという。その裏面に、もっと広い領
野として開かれているのが、「絶滅論」である。地球誕生の歩みを真摯に見据
えたとき、その99.99％は、まさに絶滅の歴史であった。

　ラウプによれば、生物絶滅のシナリオには大きく3つのパターンがある。第
1のパターンは、ラウプが「公正なゲーム（fair game）」と呼んでいるシナリオ

である。同時に生存している他の種に比べて、あるいはあとから出現してきた新しい種と比べて、繁殖作戦上で有利な遺伝子をもっていた種が生き残り、不利な遺伝子をもっていた種が絶滅するというシナリオで、これこそまさにスタンダードな「進化論」である。

　第2のシナリオは、「弾幕の戦場」（field of bullets）と呼ばれている。生物が絶滅するか否かは、無差別攻撃を受けて弾幕の中にいるような状況下においては、適応的な遺伝子があるとかないとかには無関係に、純粋に「運」（luck）で決まるというバージョンである。生き延びた個体は、特段「適応的」で優秀だったのではなく、単に「運」がよかっただけだったという解釈になる。このシナリオは、大澤も言うとおり、白亜紀の恐竜の絶滅を思い起こせば容易に理解できよう。地球に衝突した隕石の落下点に近かった生物は不運にも死滅している。その条件に、遺伝子や能力や性格などの影響が入り込む余地はない。そして、実は津波や災害などのカタストロフ（フランス語catastrophe）に見舞われた人々の生死を決めたのも、よくよく考えてみれば「運」だったというケースは相当にある。不運にも死に見舞われたことの原因を、すべて防災教育や防災体制の瑕疵や欠如──さらには、個人の"過ち"──に帰することには無理がある。

　ところで、さらに第3のシナリオは、本章においてきわめて重要な意味を持っている。ラウプが「理不尽な絶滅」（wanton extinction）と呼んでいるシナリオである。具体例を、大澤（2011）は次のようなケースで説明している。白亜紀の天体衝突のあと、大量の塵が宇宙空間に留まり、地球は「衝突の冬」を迎えた。このとき多くの生物が絶滅したが、ケイソウ類は生き延びた。それは、ケイソウ類が、普段は湧昇流（ゆうしょうりゅう）が巻き上げる栄養分で生きており、湧昇流がなくなる季節には、長期間休眠するメカニズムを持っていたからである。

　ケイソウ類の休眠能力が生き残りの勝因だったと解釈すると、第1のシナリオに該当しているように見える。しかし、ケイソウ類の休眠能力は、天体衝突（衝突の冬）に備えて目標どおりに進化してきた能力などではない。ゲームのルールが偶然変わってしまったために、たまたま生き残ることができた──そして、他の種は不幸にも絶滅した──のだ。換言すれば、ケイソウ類は、ルールの変更後において、遡及的に「適応的だった」とみなされるだけなのであっ

て、それ以上でもそれ以下でもない[8]。

　さて、このラウプの絶滅論が、われわれにどんな示唆を与えてくれるというのか。防災活動の分野において、合理的な「目標」を設定して、効率的に"最大多数の最大幸福"だけを求めている社会があったとすれば、ひとたびゲームのルールが大変動したときに、その社会全体がカタストロフに見舞われることになる。社会全体が第1のシナリオに則っているような場合、その社会は一見するときわめて効率的に運営されているように見えるのだが、実は、逆に脆弱性が極大化している可能性すらある。単一の目標を〈媒介〉にして駆動している組織や団体は、予想外の苦難に見舞われた際には、新しい局面を切り拓くことができずに、かえって一直線に破局へと突き進んでいく危険性があるのだ。

　ラウプの第3のシナリオである「理不尽な絶滅」(wanton extinction)、このさらに先にある未来に立つためには、社会の側は、不意のルール変更にさえも備えておく必要がある点を自覚しておかなければなるまい。いわゆる"想定外を想定内に含み込む"といったフレーズは、このような観点に立ってはじめて有効なものとなる。もちろん、変更されてしまうルールがどんなものなのかは、"そのとき"が来るまではだれも知らない。しかし、未来永劫、変更されないルールなどない[9]。それならば、社会の構えは、偶有的な状況を織り込んだ土台から組み上げていくべきである。視野狭窄的な目標追求の効率性だけに没入するのではなく、視野を押し広げる多様性をも、同時にまた考究する必要がある。ここにおいて、「倫理の虚構性」の在処である偶有性を新たな倫理の礎に据えることに、われわれは脱出路を見出すしかないことが理解されよう。防災教育学が偶有性を織り込んで再構築すべきだというテーゼは、このようにして論理的な必然として導出される[10]。

4　防災教育の余剰的同一性

　災害という未来の出来事を想定して現時の取り組みをなす防災教育は、文字どおり、未来性があるアクションである。ただしそのこと以上に、本節では、防災教育という営みが、原理的に新たな価値 (value X) をすでにして内包していることに意義を見出していきたい。換言すれば、防災教育をおこなうことの

意義は、論理的には矛盾しているように聞こえるかもしれないが、「防災教育以上のことをなすことにつながるから」であると言える。このフレーズの矛盾を解く鍵として援用するのは、やや唐突に感じるかもしれないが、大澤(2013) が「オタク文化」の可能性を分析する際に使用し、そこに「未来の他者」と連帯するポテンシャリティを見出した、「余剰的同一性」という概念である。

　ここに言うオタクとは、ごくシンプルな定義のとおり、自分の好きな事柄や興味のある分野、特にサブカルチャーに傾倒する人たちのことを指している。オタクの心性や特性などを研究した論考は無数にあるため、ここではオタクの内実に関する議論には深入りしない[11]。オタクの理念型（イデア）を措定するならば、オタクたちは、集合的・無意識的に、閉じたはずの世界の内から普遍的な価値（value U）の真実を求めて世界を希求し、熱情にかられて自身の嗜好をひたすらに追求している人たちだと言える。

　ところで、この普遍的な価値（U）は、常に意図せざる未知の価値（X）を胚胎しながら社会に何らかの影響を与えていく。それは、ジャック・ラカンが「郵便は（誤配されても）必ず届く」といったときと同じように、意図せざる何かをも含めた、真なる意味での「何か」(something X) である。オタクたちが直接に実感している「社会的現実」（A）の内実は、したがって等式で表せば「A ＝ U ＋ X」となっている。この等式を変換すれば、「X ＝ A － U」となる。価値（X）は、豊饒な社会的現実（A）から普遍的な価値（U）を除去してみたときの残差であり、現時点においては名付けることのできない「something X」である。しかし、それは確かに存在している。そして大澤は、この未定の「X」こそが、未来の他者と連帯する契機となると指摘した。それは一体、どういうことなのか。

　防災教育学が射程とする領野においては、「防災」の名のもとに、多様な主体が安全・安心という普遍的な価値（U）を具現化しようとして、いま熱心に取り組みを進めている。そこでは、前節で見たように、「倫理の虚構性」が与件とされながらも、それを内破するかたちで、今度は「偶有性」を与件として、多様な価値を含み込みながら新たな社会を共同的に構築していこうとしているのであった。そのプロセスにおいては、他でもありうるという偶有性の具体的

な中身を、いまを生きるわれわれは明確に意識することができないでいる。すくなくとも、言語化する水準までには達していない。しかしそれでも「防災」というラベルの営みを続けることによって、やがて未定の「X」の輪郭が見えてくる（かもしれない）。未来の地点から回顧的に現在を振り返ったときにはじめて、的確に「X」の名前を言い当てることができるだろう。そして、その水準にまで到達したときの社会においては、すでにして「防災」を「防災」と呼ぶ必要さえなくなっているはずである。

　矢守（2013）が「何かがほんとうに身についた状態、何かがたしかに他者から自分のものとして伝えられた状態とは、特段意識することなく、そのことを実行できる状態に他ならない」と述べているとおり、「防災が……、防災が……」と、まるで災害に備えることが特殊な営みであるかのように語り合っている現時点においては、まだ「X」はわれわれの掌中には感覚されてはいない。しかし意図せざる瞬間に、それこそ千年の時を超えた先に、高原の見晴らしを愛でるときが到来する。そして、その高みに立った人々は、20世紀から21世紀という古き良き時代には「防災」というコンセプトをめぐって社会が真剣に格闘していたことを懐かしく回顧しているものと思われる。「防災」という取り組みの何たるかを価値づけできるようになるまでには、われわれはまだ幾多の試行錯誤を重ねていく必要がある。

　したがって、「防災」という営みは、現在のわれわれのポジションからすれば、まるで"終わりなき旅"のひとこまに過ぎないものとして感得されるしかない。だけれども、それは、未来の他者に呼びかけるための確かな希望の在処でもある。防災とは、人類が絶滅するまでの有限な時間のなかでおこなわれる、"時代性を帯びた勇敢なチャレンジ"として措定し直される必要があるものと考える。

5　防災教育学のポテンシャリティ

　以上、防災教育学の土台を支える倫理や規範を考究するために、まず、災害事象の偶有性という本質から「倫理の虚構性」というコンセプトが立ち上がることを確認し（第2節）、次に、偶有性を前提にした防災教育学を構築していく

ための理路を開き（第3節）、さいごに防災教育のアクションに内包されたポテンシャリティについてあらためて検討した（第4節）。ここまでの理路を単純化すれば、現在のリスク社会のなかで防災教育に傾注することの意義を、「大事だから大事」という同義反復の精神論から解放し、「些事の深奥にこそ秘蹟が宿っている（可能性がある）」ものとして読み替えたものと約言することができる。

　もちろんこのような知見は、決して新しいものではない。すでにこれまでに、矢守（2018）が洞察してきたような「インストゥルメンタルな関係性」と「コンサマトリーな関係性」を徹底することのなかに新たな可能性を見出せることや、矢守・宮本（2016）が検討してきたような「めざすかかわり」と「すごすかかわり」を止揚する地平にこそ新たな可能性が見出せる議論などと接続することができる。ここでは詳しく述べないが、いずれもが、本質的な視座を持って防災教育が直面している閉塞をその内側から乗り越えようとする——内破する——処方であることがわかるだろう。

　ここにおいて、第2節で素通りしてきた「防災という営みの究極の目的は、本当に生死を分かつ未定の危機を回避すること（だけ）なのか」という大き過ぎる問いにも、ようやく向き合うことができる。それは、「それ以上のもっと大きなこと」であると言えるし、「それ以前のもっと当たり前のこと」であるとも言える。防災教育とは、世代を超えて生の充溢を確保していこうとする、生の営みの本流に根差した営み、すなわち、いのちに対する慈愛を涵養することである。

〈補注〉

1 ）　心理学用語の乱用に関しては、特にマスメディアの関係者が率先して自戒しなければなるまい。詳しくは、矢守克也（2009）などを精読のこと。なお、矢守克也（2021）では、「正常性バイアス」の一般的な理解は、完全にトートロジー（同義反復）の構図に嵌っているとして退けられている（p.111）。このことを、矢守克也（2011）では、次のような印象的なフレーズで説明している。「人々が事態を楽観視することが問題であり、楽観視を防がねばならないから、楽観視しないように教育しよう」（p.69）。このディスコースは、教育すれば人は楽観視しなくなるはずだと楽観視しているわけである。もうすこし踏み込んで付言すれば、「正常性バイアス」というワーディングを乱用している人たちは、「人はバイアスを持つ生き物だから、

バイアスを持たないようにしなさい（人間であることをやめよう）」と唱えているに過ぎないことに気付いていない（ふりをしている）。同じく「リテラシー」という言葉も、プラスチック・ワードに堕しているふしがある（このことは終章でもすこしふれる）。リテラシーという概念の動向に関しては、坂本　旬『メディアリテラシーを学ぶ——ポスト真実世界のディストピアを超えて』(2022) を参照のこと。ところで、特にマスメディアは、なぜかしら"専門的な"言葉遣いに弱いようである。鶴見俊輔の言を借りて吉川浩満が指摘しているように、それは「言葉のお守り的使用法」に過ぎない（吉川, 2021）。科学というアプローチは、われわれに重要な示唆を与えてくれるが、科学偏重主義（科学の威を借る権威主義）からは原理的に言って真理に到達することはできない。

2）Muselmänner（「Muselmann」の複数形）とは、回教徒のことを表しているものと言われている。劣悪な環境下で気力も体力も奪われて、よろよろと倒れ込むようにひざまずく姿を、祈りを捧げるイスラームに見立てたという説もある。しかし実際には、ここでは"希望がない"ことが人々を"生ける屍"にしていたものと考えられる。

3）「ハインドサイト (hindsight)」に関しては、マーク・フリーマンの著作『後知恵——過去を振り返ることの希望と危うさ』(2014) が参考になる。なお、当該著書では、「後知恵」のネガティブな側面・効用だけを捉えているわけではないことに留意せよ。事後検証の本領を見失ってはいけない。

4）関連する書籍は数多くある。デイヴィッド・エドモンズの『太った男を殺しますか？——「トロリー問題」が教えてくれること』(2015) や、トーマス・カスカートの『「正義」は決められるのか？——トロッコ問題で考える哲学入門』(2015) などが読みやすいだろう。

5）ここでは、ウルリヒ・ベックの議論を念頭に置いている。主要な著書『危険社会——新しい近代への道』(1998) は、タイトル自体が誤訳であるとして名を馳せることになった。「危険」(danger) と「リスク」(risk) は、根本的に異なる概念である。

6）URL は、https://reg-charity.org/。本文では、2020 年 6 月の時点で採取したテキストデータを紹介している。本書の執筆時（2022 年 4 月）においても、ほぼ同様の案内文が使用されている。

7）二重疎外のコンセプトに関しては、以下を参照のこと。見田宗介『社会学入門——人間と社会の未来』(2006)。この著作では、「金銭からの疎外」（カネの多寡に悩まされること）と「金銭への疎外」（すべてをカネという尺度で計算するようになり、カネにふりまわされること）というエピソードが語られている。

8）いわゆる「前適応」というコンセプトでも知られている。社会生物学の巨匠、エドワード・O・ウィルソンの著書 (2020) によれば、「生物の器官や行動などであらか

じめ生じた変化が、結果としてその後の環境の変化に適応するようになる現象」と説明されている。なお、大澤は、吉川浩満の著作『理不尽な進化　増補新版——遺伝子と運のあいだ』（2021）を参照しながら考察を進めている。

9）「COVID-19災害」も、社会に対してルール変更を迫る出来事であったと評価されるかもしれない。ステイホームを強いられた学生のなかには、友達にも会えず、旅行やアルバイトにも行けず、オンラインの授業に嫌気がさし、鬱々とした時間を過ごすことになった人もいるし、逆に、これまでひきこもり気味だったことが“奏功”して、リモートの会合などで積極的にコミュニケーションできる好機が訪れた人もいる。後者のグループに所属している人たちは、コロナ禍が到来することをあらかじめ想定して、対面式のコミュニケーションを疎んじていたわけではない。世の中のほうが、たまたまルール変更をしただけのことである。そしてこのルールは、また気まぐれに変わっていく。斎藤　環（2021）は、コロナ禍が終わってほしくない勢力がいることを指摘して、「コロナ・アンビバレンス」というコンセプトを提起している。しかし、感染症災害が再来した場合に、次はまた異なる条件下でサバイブしなければならなくなるであろうことを、われわれは想定しておく必要がある。気候変動による環境の変転シナリオのひとつは、もはや人類が夜に過ごすしか選択肢がなくなる過酷な事態さえも予示している。

10）加藤典洋の著作『人類が永遠に続くのではないとしたら』（2014）を参照することによっても、「有限性」という厳然たる事実を直視したうえで、やはりコンティンジェンシーという道理に対して適切に根をおろすことにおいてしか、生（いのち）の意味を確かめることができないことを、われわれは思い知るはずである。稲垣　諭の著作『絶滅へようこそ——「終わり」からはじめる哲学入門』（2022）からもインスパイアされることだろう。また、内田　樹（2021）は、民主主義と独裁制を対比させ、民主主義のポテンシャルを掬い出す論脈において、次のように述べていることも示唆的である。いわく、「環境の変化に対応できるのは、すべてのアクターが、自己裁量で、遅滞なく、全体にとって好ましいオプションを選択できるシステムだけである。個別的なふるまいの総和が期せずして生き残りのための最適解を選んでいたというシステムだけが環境の変化を生き延びられる」（p.83）。この観点にかかわるモノカルチャーの失敗事例は山ほどあるが、たとえば、稲垣栄洋『はずれ者が進化をつくる——生き物をめぐる個性の秘密』（2020）の“ジャガイモの悲劇”のチャプターを読むだけでも事足りるはずである。

11）オタクと直結するわけではないが、オウム真理教の一連の事件を考察した良著として、大澤真幸の『虚構の時代の果て——オウムと世界最終戦争』（1996）が参考になるだろう。また、宮台真司の『終わりなき日常を生きろ』（1998）も必読の書であ

る。文庫版のあとがきには、酒鬼薔薇聖斗事件をふまえて、社会性・反社会性・脱社会性の議論を展開している。その先で、宮台が「感染的模倣（ミメーシス）」に着眼していることを、本書の**第3章第4節**などで引照している。この観点もふまえて、本書では、「学び」を「まなび（真似び／まねび）」と記述することになる。

〈参考文献〉

デイヴィッド・エドモンズ（2015）『太った男を殺しますか？──「トロリー問題」が教えてくれること』鬼澤　忍訳，太田出版．

デイヴィッド・M・ラウプ（1996）『大絶滅──遺伝子が悪いのか運が悪いのか？』渡辺政隆訳，平河出版社．

エドワード・O・ウィルソン（2020）『ヒトの社会の起源は動物たちが知っている──「利他心」の進化論』小林由香利訳，NHK出版．

稲垣栄洋（2020）『はずれ者が進化をつくる──生き物をめぐる個性の秘密』筑摩書房．

稲垣　諭（2022）『絶滅へようこそ──「終わり」からはじまる哲学入門』晶文社．

加藤典洋（2014）『人類が永遠に続くのではないとしたら』新潮社．

真木悠介（1977）『現在社会の存立構造』筑摩書房．

真木悠介（2003）『時間の比較社会学』岩波書店．

マーク・フリーマン（2014）『後知恵──過去を振り返ることの希望と危うさ』鈴木聡志訳，新曜社．

見田宗介（2006）『社会学入門──人間と社会の未来』岩波書店．

宮台真司（1998）『終わりなき日常を生きろ』筑摩書房．

大澤真幸（1996）『虚構の時代の果て──オウムと世界最終戦争』筑摩書房．

大澤真幸（2011）『文明の内なる衝突──9.11、そして3.11へ』河出書房新社．

大澤真幸（2012）『夢よりも深い覚醒へ──3.11後の哲学』岩波書店．

大澤真幸（2013）『〈未来〉との連帯は可能である。しかし、どのような意味で？』FUKUOKA Uブックレット　No.4，弦書房．

ピーター・シンガー（2015）『あなたが世界のためにできるたったひとつのこと──〈効果的な利他主義〉のすすめ』関　和美訳，NHK出版．

斎藤　環（2021）『コロナ・アンビバレンスの憂鬱──健やかにひきこもるために』晶文社．

坂本　旬（2022）『メディアリテラシーを学ぶ──ポスト真実世界のディストピアを超えて』大月書店．

シモーヌ・ヴェイユ（2017）『重力と恩寵』冨原眞弓訳，岩波書店．

トーマス・カスカート（2015）『「正義」は決められるのか？──トロッコ問題で考える哲

学入門』小川仁志監訳，髙橋璃子訳，かんき出版．

内田　樹（2021）『コロナ後の世界』文藝春秋．

ウルリヒ・ベック（1998）『危険社会——新しい近代への道』東　廉・伊藤美登里訳，法政大学出版局．

矢守克也（2009）「『正常化の偏見』を再考する」『防災人間科学』東京大学出版会，pp.103-129．

矢守克也（2011）「正常化の偏見」『防災・減災の人間科学——いのちを支える、現場に寄り添う』矢守克也・渥美公秀編著，近藤誠司・宮本　匠著，pp.66-71，新曜社．

矢守克也（2013）『巨大災害のリスク・コミュニケーション——災害情報の新しいかたち』ミネルヴァ書房．

矢守克也（2016）「災害論：人間・自然・社会」日本グループ・ダイナミックス学会第 63 回大会発表論文集，pp.27-30．

矢守克也・宮本　匠（2016）『現場（フィールド）でつくる減災学——共同実践の五つのフロンティア』新曜社．

矢守克也（2018）『アクションリサーチ・イン・アクション——共同当事者・時間・データ』新曜社．

矢守克也（2021）『防災心理学入門——豪雨・地震・津波に備える』ナカニシヤ出版．

吉川浩満（2021）『理不尽な進化　増補新版——遺伝子と運のあいだ』筑摩書房．

第2章

防災教育のアクションリサーチ

　この章では、いよいよ、筆者自身が深く関与している防災教育の現場から、具体的なリポートを紹介していく。ただし、単なるノウハウやハウツゥのたぐいに堕することのないように、「アクションリサーチ」(action research) の観点から、内省的な視座を確保しながら記述していこうと思う。そのため、初学者に向けて、冒頭（第1節）に「アクションリサーチ」とは一体どういったことなのか、ごく短く、概説しておくことにした（近藤, 2022 も参照）。ただし、ペダンティックな迷路に読者を誘い込み、ただ困惑させることがないようにするため、他の専門書にあるような系譜や流派を腑分けしていくレビューは、一切割愛した。

1　ともにコトをなすこと

　ある研究会の席上で、ある高名な先生から、「アクションリサーチなんてもん、科学でもなんでもないんだから、もっと別のアプローチで研究したまえ」というご助言をいただいたことがある。また、別のある報告会の席上では、ある高名な先生から、「アクションリサーチというメソッドにこそ、大学の生き残り策につながるポテンシャルがあると思うんだよね」と激励の言葉を頂戴したこともある。

　このようにして、アクションリサーチは、いまやアカデミック・コミュニティのなかでも広く認識されつつあるのだが、しかしそこには多分に誤解が含まれているようでもある。

　本章の第1節では、クルト・レヴィンなどの古典に遡って学問的な系譜をたどるといった手続きは回避して（そうした事柄は他の書物にゆずって）、"よくあ

Action Research	
×	Research after action
×	Research for action
○	Research in action
◎	Research in joint-action
	Co-learning in our lives

図2-1　アクションリサーチとは何でなくて何であるのか

る誤解"にふれながら、"すくなくとも〜ではないもの"という理路をたどっ
て、アクションリサーチの要点を示していこう（**図2-1**）。

　まず、「アクションリサーチ」（action research）とは、筆者に言わせれば、
そもそも「メソッド」（method）ではない。「approach」（アプローチ）という
捉え方にも語弊がある。端的にいえば、「身構え」（stance）のことである。ま
るで、アクションリサーチといった奥義や秘儀を磨いたグループが存在するか
のような言説を耳にすることがあるが、これは、誤解が誤解を生んでいること
の証左であろう。

　次に、アクションリサーチを「research for action」（アクションのためのリサー
チ）と読み替えて、PDCAサイクル（plan-do-check-action cycle）を遂行するプ
ロセスの中にresearchを組み込み、そのアドバンテージを力説している人が
いると聞いたことがある。なにかしら、「リサーチ」という言葉に「アクショ
ン」という言葉を付け加えて活動的な響きをもたせたいのかもしれないし、
「アクション」という言葉に「リサーチ」という言葉を付けて"アリバイづく
り"をしたいのかもしれない。しかし、アクションリサーチとは、すくなくと
も「research for action」のことではない。どちらかといえば、その対極にあ
ろうとする身構えのことである。

　アカデミック・コミュニティのなかには、どうやらこの「research for
action」という皮相な曲解のもとに、アクションリサーチは、所詮は、"ご都合
主義的"なメソッドなのだと論難したい勢力もあるようである。「それって、

ミイラ取りがミイラになるシステムですよね」という、誤解というよりも、単なる軽口・悪口のたぐいを頂戴したこともある。

　すでに、矢守（2010; 2018）が透徹した整理と再定義をおこなっているとおり、アクションリサーチの根本は、「research in action」（アクションをしながらリサーチをすること）という身構えにある。このフレーズは、実践と理論を"緊張感をもって"往還することを明示している。英語の前置詞の「in」の"重み"が具体的に想起できない人たちは、普段は「research for research」（研究のための研究）を堅持しているコミュニティのメンバーなのかもしれない。謙抑的なその身構えこそが、アカデミック・コミュニティにおいてはドミナントであり、最大限に尊重されるべきものなのかもしれない。しかし、原理的に言えば、社会のなかでアクションとして派生・波及しないようなピュアなリサーチを想定することのほうが——すくなくとも社会科学や人間科学の地平においては——困難であることは、おさえておく必要があるだろう[1]。

　さて、矢守（2018）でもすでに指摘がなされているとおり、「research in action」は、もうすこし厳密に言明すれば、「research in joint-action」の謂いである。「ともにコトをなすこと」のうちにリサーチという営みがセットされているという意味である。したがって、共同実践を通して手にしたデータやファクト、エビデンスは、まずは当該フィールドのなかにおいて、その実存的な意味や妥当性が検討される。そして、アクションリサーチを通して得られた知見は、ローカルな文脈に依存したものであるがために、それをユニバーサルな知見として展開・敷衍・適用していく際には、きわめて慎重にふるまうことになる。知見の抽象度をいったん引き上げてから、新たなフィールドの文脈のなかに「リ・エントリー（re-entry）」させて、またそこで、理論と実践を彫琢していくのである。

　だからアクションリサーチを志向する人は、自身を単なる研究者であるとはみなしていない。言い当てるならば、"ともにコトをなす共同当事者"である。これこそが、矢守（2018）の見出した結論であり、至言の定義である。

　では、次節以降で、アクションリサーチの実例を見ていこう。

2　校内防災放送プロジェクト

　本研究の共同実践のパートナーは、神戸市長田区にある神戸市立真陽小学校
（2021 年度の児童数は 239 名）である（**写真 2-1**）。学区の人口は約 6,300 人で、
商店街や市場、町工場、古い長屋などが混在している。どちらかといえば下町
情緒が残る地域であるが、最近ではマンションも建ち並ぶようになってきてい
る（**写真 2-2**）。

　阪神・淡路大震災（1995 年）の際には、隣の地区で発生した大規模な火災の
延焼被害は免れたものの、住宅倒壊の被害が激しかったエリアである。そし
て、南海トラフ巨大地震の被害想定（中央防災会議）によれば、最悪の場合、学

写真 2-1　真陽小学校（筆者撮影）

写真 2-2　真陽地区の街並み（筆者撮影）

図 2-2　真陽地区の浸水想定図（実線が校区を示す）　★＝小学校の位置

区の約8割が浸水するとされている（**図2-2**）。地域にとってみれば、阪神・淡路大震災の経験をどのように継承していくのかという課題と、将来の巨大災害にどのように備えていくのかという課題の、大きく2つの難題を抱えており、小学校にとってみれば、防災教育と防災管理を同時に推し進めていかなければならないという状況下にある。

　しかし、学校教育の現場において、児童の学力向上に必ずしも寄与するとは限らない地域固有の課題にわざわざ傾注している余裕などないことは、いずこも同じである。そこで、校長とも相談しながら、むやみに課外活動を増やして教職員が翻弄されることなどないように、決して"新たな負担増"にはならない現実的な方略を探索することになった。

　そこで、筆者らが着目したのが、委員会活動の一環としておこなわれている「校内放送」の取り組みである（近藤・山内・松永, 2014）[2]。このささやかなローカルメディアを介して防災や復興のコンテンツを全校児童に伝達する程度であれば、無理なくフルシーズン、フレキシブルに実施できるのではないか。当該校でも、毎日昼食時に5〜10分程度の番組を放送委員がボランタリーに実施しているため、児童が取り組みを担当することに対しては、特に問題がなさそうである。少々失敗したとしても、成績評価に響くといったプレッシャーもない。いわば、"すきま"時間を"お試し"で活用してみるような感覚である[3]。

　もちろん、放送原稿を作成するとなると、児童にとっても委員会の担当教員にとっても、大きな手間となるにちがいない。そこで、大学生が委員会活動に参画し、放送委員児童——5〜6年生から毎年10名ほどが選抜される——と共同で原稿のプロットを考え（**写真2-3**）、週に1回、毎週月曜日に放送することにした（**写真2-4**）[4]。

　校内防災放送プロジェクトは、こうして2014年10月に産声をあげ、2021年度末までに通算239回の放送を実施することができた（**図2-3**）。1年間で、平均して約30回、放送できたことになる。なお、コロナ禍の影響で、2020年3月から9月までの半年間は、放送シリーズを中断していた。

　校内防災放送は、原則としてライブ（生放送）で配信しており、放送委員児童がアナウンサー役を務めているが、時に大学生がゲスト出演する回もある。放送がオンエアされるまでのワークフローを、**図2-4**に示す。

写真2-3　放送委員会の様子（筆者撮影）　　写真2-4　放送室の様子（筆者撮影）

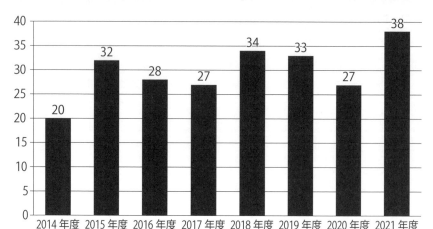

図2-3　校内防災放送の放送実績（回数）

　原稿の内容は、「防災・復興」に関する事柄（たとえば、地震対策、津波避難、台風対応、雷の基礎知識、阪神・淡路大震災のことなど）を中心にして、児童の発案によるアイデアはなるべく採用するようにしている。暮らしの安全・安心に関連した内容であれば（たとえば、火災予防、不審者対策、食中毒予防、感染症対策、ヒアリやスズメバチに注意など）、これまですべて原稿化してきた。

　また、放送を聞いている児童に飽きが来ないようにするために、演出の仕方にも放送委員児童のアイデアがふんだんに生かされている。クイズ形式やドラマ仕立て、テレビアニメやバラエティ番組を"本歌取り"にしたバリエーショ

STEP1　放送委員会（月1回、45分）
　　　　委員の児童と大学生で話のプロット決定

STEP2　大学生が原稿化

STEP3　大学教員が監修・推敲

STEP4　小学校の放送委担当教諭がチェック
　　　　難しい言い回しを変更、読み仮名の追加

STEP5　放送委員の児童が練習
　　　　生放送で原稿を読む

図 2-4　校内防災放送のワークフロー

ン、そして教員に対するインタビューなど、毎回工夫を凝らしたものとなっている（たとえば、近藤・杉山, 2015）。

　原稿の一例を、**図 2-5**（48〜50頁）に示す。

3　プロジェクトの直接的なインパクト

　ここからは、アクションリサーチの身構えによってなされた当該プロジェクトの効果・影響を、5つのアングルから確認していこう。

（1）　高学年児童の防災関心度の変化

　連続的に防災や復興のコンテンツを放送することは、児童の防災関心度にどのような影響を及ぼすのだろうか。

　ともにアクションをしている放送委員の児童には、すぐにプラスの効果があることが観察された。たとえば、学校の図書室に行き、防災に関連した本を借りてきたり、百円ショップで防災グッズを購入したり、近くの公園で救命用のホイッスルを吹き鳴らしてみたことを教えてくれたり、意識の変化だけでなく行動の変化まで惹起されていることが、毎年確認できている。ときには、大学

防災プロジェクト 11/9　第9回（通算185回）

　　♪テーマ曲

児童A　続いて、防災プロジェクトのコーナーです。わたしたち、A、B、Cの
　　　3人はゲームが大好き。今日も、「あつまれ！真陽の森」で、防災を学ん
　　　でいます。

　　　♪テーマ曲・しぼる

児童A　この前は「サバイバルクッキング島」に行ったね。「クッキングマイス
　　　ター」のメダルもゲットできてうれしかったよね。きょうは、どの島に遊
　　　びに行こうかな？

児童B　わたし、このまえ聞いたんだけど、津波について学べる「津波の島」っ
　　　ていうのがあるみたいだよ。1人で行くのは、ちょっと勇気が出なかった
　　　から、みんなで行ってみない？

児童C　「南の島」じゃなくて、「津波の島」なんだね。津波というと、地震のあ
　　　とに起こるこわ〜い災害、というイメージがあるけど、どうなんだろう、
　　　大丈夫かな？　不安になってきちゃった。

児童A　ゲームだから大丈夫。3人で行けばこわくないよ、一緒に行ってみよ
　　　う！　それじゃあ、レッツゴー！

【少し間を空ける】

児童B　よし、着いたよ！　海が広がってる。天気も晴れていて気持ちいいよ。
　　　なにが始まるのかな。前みたいに画面にクイズが出てくるのかな？
　　　…って言ってたら、クイズが出てきたよ！

児童C　なになに…、今回は津波に関するクイズみたいだね。読んでみるよ。

　　（問題）津波は、地震のときだけに起こるものである。
　　　　　○（まる）か×（バツ）か、正しい方を選びましょう。

【注：問題文を繰り返しましょう】

48

児童A　マルバツクイズだね。津波ってどうやって起こっているんだろう。この
　　　　クイズに答えたら何かわかるかも！　わたしは○（まる）かな？

児童B　2択だし、簡単じゃんって思ったけど、「地震のときだけに」って言葉
　　　　が、なんだか引っかかるんだよな～。わたしが知っているのは地震のあと
　　　　に津波が来るってことなんだけど…とりあえず、○（まる）をプッシュし
　　　　てみよう！

児童C　正解は…　がーん、×（バツ）だって！　間違えちゃった！　解説を読
　　　　んでみるね。津波は、海岸を襲う大きな波のかたまりのことをいいます。
　　　　地震が起きたときに海の底が盛りあがったり、沈みこんだりすることで、
　　　　その上にある海水が上下に動いて、それがつたわって津波になります。な
　　　　るほど、津波がどうやって起こるのかは、わかったね。

児童B　続きは、わたしが読むよ！　なになに…、地震以外にも、火山噴火や、
　　　　海の近くの山崩れ、海底の地すべりによって発生することもあります…、
　　　　だってさ。地震以外にも津波が起きる原因はいろいろあるんだね。

児童A　クイズは正解できなかったけど、とっても勉強になったね。次はクリア
　　　　できるように頑張るぞ！　あれ、なんだか画面が変わってきてる。次のク
　　　　イズがうかんできたよ。

児童C　今度こそ正解できるようにがんばるぞ！

（問題）津波の伝わる速さは、海岸付近で時速 10 km ぐらいしかない。
○でしょうか？　×でしょうか？

【注：問題文を繰り返しましょう】

児童B　時速 10 km っていうと、「50 m 走」を 18 秒くらいで走る速さだよ！
　　　　かけっこしたら、わたしたちのほうがきっと勝てちゃうじゃん。となる
　　　　と、わたしは×（バツ）を選ぶよ。

児童A　津波のスピードって、とっても速いんだよね！　津波に追い付かれて
　　　　逃げ切れない人もたくさんいたっていう話を聞いたことがあるよ。だか
　　　　らわたしも×（バツ）だと思う。

児童C　よし、じゃあみんなで×（バツ）をプッシュしよう！　それ〜！　…やったあ、答えは×（バツ）だって。解説には、「津波の速さは、水深が深いほど速くなります」って書いてあるよ。

児童B　水深っていうのは海の深さのことだよね。「海の深いところで起きた地震のときは、津波はジェット機並みの速さで進みます。また、海岸付近の水深が10 m程度であれば、時速約40 kmと自動車並みの速さで進みます」…。だってさ！

児童A　うわあ。速すぎるよ、自動車と競争なんてできないよ。オリンピックの短距離走の選手の平均速度でも時速35 kmなんだよ。わたしたちじゃ、かなわないよ。早めの避難がだいじだってこと、これでよ〜くわかったよね。

児童C　津波から避難するときは、より遠くへ早く逃げること、そしてより高いところへ逃げることが大切だよね。ちなみに、今月の5日は「世界津波の日」だったみたいだよ。津波について正しく理解して、津波の対策を進めることが大切だね。わたしたちも津波について正しく理解できたよ！

児童B　あ、画面が消えて、メダルが落ちてきたよ！　今回もミッションクリアだね。「津波マイスター」って書いてある！　津波が起こるしくみも、原因も、津波避難の大切さもマスターしたから、これでわたしたちの防災力もアップしたね！

児童A　2枚目のメダルゲットうれしいな。次も楽しみになってきたけど、きょうはここまでだね。次回も防災の知識を増やしながらがんばろう！

児童C　本日の担当は、6年A、B、5年Cでした。これで「防災プロジェクト」の放送を終わります。

図2-5　校内防災放送の台本例（シリーズ第185回　2020年度放送）

生に対して「神戸の中央図書館にある震災の本を借りてきてほしい」とリクエストした児童がいたため、大学生も巻き込まれるかたちで震災学習に励んだこともあった。

　しかし、やはり気になるのは、放送を聞いている（だけの）児童の反応である。教室にいて給食をとっている児童からすれば、校内防災放送は一方的な

"押し付け"のアクションである危険性がある。ひょっとすると、毎週月曜日に必ず流れてくることに、とっくに飽きていて、もう辟易しているのかもしれない。

　そこで、毎年、年末が近づく時期になると、当該小学校と共同で、高学年児童を対象とした質問紙調査を実施してきた[5]。ここではまず、2年度目（2015年度秋の調査）の結果を見てみよう（近藤, 2016）。

　2015年度時点の最高学年、6年生（n = 23）に、「あなたは校内防災放送を聞いてきて、防災に対する関心が高まりましたか」と尋ねたところ、過半数がポジティブな回答を寄せていた（「関心が高まった」= 5名、「どちらかといえば関心が高まった」= 10名）。強くネガティブな意見を表明した児童は、ひとりもいなかった。

　さて、この回答のプロポーションを、われわれはどのように評価すればよいのだろうか。過半数がポジティブであれば、それをもってグッドプラクティスであったと判定してよいのか。プロジェクトに着手したばかりの研究者側には、残念ながら評価の"物差し"（比較検討材料）がないため、データセットを前にして途方に暮れるしかない。しかし、小学校の教員側は、自身が所属する「真陽小学校」という具体的なフィールドのコンテキストをふまえて、ひとまずの評価をくだすことができる。その時点での評価とはすなわち、この結果が「意外にも児童の反応が良い」という"手応え"であった。かなりの児童たちのこころを惹きつけているにちがいないというのである。

　アクションリサーチは、このように、研究者側が分析した結果のアウトプットを現場にフィードバックするだけでなく、オンゴーイングで、現況の事態を改善（betterment）していくために、共同で分析をおこなうことがある。当該フィールドのコミュニティに所属している構成員の見解のほうが、研究者側の解釈よりも、よほど的を射ている場合も多いからである。また、当事者は、独立変数——このケースで言えば、校内防災放送を連続的に実施すること——による影響の背後にある媒介変数や潜在変数に気付きやすいアドバンテージもあると考えられる。

　ただし、だからといって、研究者側は何ら思考をめぐらせず、"成り行き任せ"にするというわけでもない。事態の外在者として、別様のアングルからリ

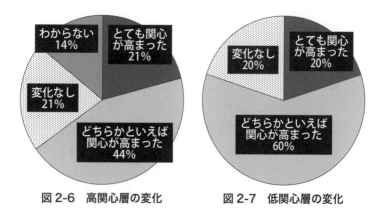

図 2-6　高関心層の変化　　　　図 2-7　低関心層の変化

サーチを試みるのである。それが、たとえば、**図 2-6** と**図 2-7** である（たとえ
ば、上田・近藤，2016）。

　2014 年度時点で、5 年生には、「あなたは防災に対して、どれくらい関心が
ありますか」という設問でアンケートを実施していた。この結果をふまえて、
2015 年度に 6 年生に進級した児童の「防災関心度の変化」の回答とクロス集
計をおこなってみた。

　結果は、クリアカットな傾向を示しているわけではないが、マイルドに、も
ともと「低関心層」としてグルーピングされていた児童であっても、その 8 割
が、防災関心度が高まっていたことを示していた（**図 2-7**）。このグループに
は、防災以外の教科などに対しても比較的意欲が低い児童が含まれていること
から、教員の率直な“手応え”——校内防災放送というアクションは意外に子
どもたちにリーチしているぞ——につながっていたものと考えられる。

　なお、さらに慎重にアウトプットを眺めてみると、「高関心層」（**図 2-6**）の
児童のほうは、関心の高まり具合が相対的に弱いように見える。ポジティブな
回答は 65％となっていた。この点に関する解釈の仕方は、安易に統計的な検
定にたよる必要もなく、当の放送委員児童たちが教えてくれた。放送はわずか
10 分程度であり、低学年向けの易しいクイズなども多く含まれていることか
ら、もともと防災に関心がある児童にとってみれば“もの足りない”のだそう
である。至極、もっともな解説である。したがって、確かに「校内防災放送」

という手法は妙案ではあるのだが、それを自画自賛しているようではダメであって、やはり大人の側が視野を広げて、教科学習や課外学習とリンクさせていく必要があることがわかった。

（2） コンテンツ別の評価とデータの信頼性

当該プロジェクトは、総体として見れば、「校内防災放送を連続的におこなうこと」がリサーチの独立変数に位置づけられている。しかし、要素を分解すれば、1回1回、別個の内容のコンテンツを児童に送り届けており、したがって、どの内容がどれほど児童にリーチしたのかに関しては、各回でばらつきがあるはずである。

この点を確かめるために、毎週、放送直後に、高学年児童（5年生と6年生）の教室で、挙手アンケートを実施することにした。質問項目は、「おもしろかったですか」と「勉強になりましたか」の2つのみである。放送が終わったら即座に5点満点で採点してもらうという方式を採用している。

このデータ採取の手法は、アカデミックな立場から考えれば、きわめて乱暴なものである。すくなくとも匿名の記入式にしたほうが精度は良いはずだ。しかし、給食時であるため、筆記用具を机の上に出すわけにいかない。かといって、時間が経つと印象が薄れてしまう。そこで、フィールドのなかで折り合いをつけ、最終的に「挙手」という方法になった（近藤・山内・松永, 2014）[6]。

ただし、さらに厳密に言えば、クラス担任の前で、しかも他の児童がいるなかで自分の採点を挙手で示すのであるから、他者に同調してしまうなどの相互作用の影響が色濃く出てしまうに違いない。データの信頼性に関しては、真っ当な研究者からすれば、眉を顰めるほどに質の悪いものだとみなされるだろう（しかし、そうとも言い切れないという事実を後述する）。

初年度（2014年度）の結果を、**図2-8**と**図2-9**に示す。児童による採点結果の平均値をグラフ化した。欠損が2度（第14回と第16回）あるが、これはインフルエンザによる学級閉鎖の影響である。

「おもしろかったですか」の全体平均は3.7、「勉強になりましたか」の全体平均は3.6であった。このスコアを評価する“物差し”は、初年度の時点では、研究者側にも小学校教員側にもない。しかし、大きなトレンドをみるかぎ

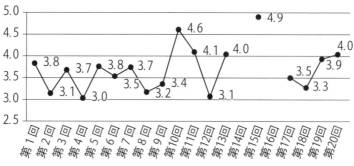

図 2-8 「おもしろかったですか」（6 年生、n ＝ 25） 2014 年度

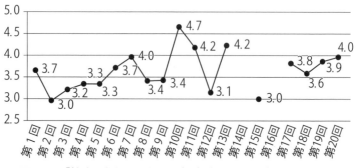

図 2-9 「勉強になりましたか」（6 年生、n ＝ 25） 2014 年度

り、アップ・ダウンはあるが、年度途中で児童に見放されるほどに低落することはなかったことがわかる。マンネリ化もしていないことは、各クラスの放送時の試聴態度などを観察しているかぎり、すぐに確かめられた。

　となると、ここで疑問が生じるであろう。そもそもこのような "あやういデータ" を採取することに学問的な意義などあるのだろうかと……。この点をすぐに説明する前に、ひとつ迂回路を経由しておこう。再びグラフに目を転じてほしい。「おもしろさ」で最高値を獲得したのは、シリーズ第 15 回の放送であった（図 2-8）。スコアは 4.9 であり、ほとんどすべての児童が「おもしろさ」を最高水準のものとして実感していた。では、この回では一体、何を伝えたのか。

　話は、第 5 回の放送に遡る。この回では、真陽小学校の運動場の片隅に置か

写真 2-5　真陽小学校の校庭にある防災倉庫
(2014 年度に筆者撮影)

れた、地区の自主防災組織 (防災福祉コミュニティ) が管理する防災倉庫を紹介していた (**写真 2-5**)。ご覧のとおり、何の代わり映えもしない、ごく普通の倉庫である。

　この放送回の原稿を作成するにあたって、放送委員のメンバーは、大学生と一緒に防災倉庫の中に何が入っているのか確かめてみた。このとき、児童たちが持った印象は、「せっかくたくさんの資機材が準備されているのに、倉庫の存在は全校児童にほとんど知られていない」、「そもそも存在自体が地味すぎる」といったものであった。

　そこで浮上したのが、防災倉庫に愛称を付けてイメージアップを図ろうというアイデアである。まず、放送で全校児童に呼びかけてニックネームの案を募集する。そして、1 位に選ばれたニックネームを放送で伝えれば盛り上がるのではないかという発想である。このアイデアに大学生たちも賛同して、何とか実現させようということになった。

　放送を通じて、防災倉庫のことをあらためて紹介し、まず「ニックネームの募集」をおこなった (第 14 回の放送)。その後、すぐに全校児童にアイデアを考えてもらい、それを各クラス担任が集約して校内放送担当の教員に手渡し、当該教員が 10 ほどの候補にしぼってから、最終的に放送委員のメンバーで投

票して1位を選ぶことにした。

　その結果、最終的に選ばれたニックネームは、「ぼーくん」であった。研究者側も小学校の教員側も、このネーミングの凡庸さには半ば呆れて、「せっかくだから、もうちょっといいのにしたら……」という声が漏れ出てしまっていた。しかし、放送委員会のメンバーによれば、人気アニメに登場するキャラクターのことを想起できる親しみやすいネーミングであり、これで間違いない（太鼓判を押せる）ということであった。

　こうして決まった「ぼーくん」というニックネームを発表した放送回、すなわち、第15回は、2014年度で最も「おもしろかった」回となった。全校児童が参画したこと（コミットメント）がアドバンテージとなったと解釈することもできるだろう（近藤・山内・松永, 2014）。

　さて、ここで今度は、**図2-9**の第15回の数値に目を遣ってみよう。すると、スコアは最低点（3.0）を記録していたことがわかるだろう。つまり、防災倉庫に愛称を付けることは、最も「おもしろかった」が、しかし最も「勉強にはならなかった」ことを、児童たちは正当に評価していたのだ。ここにおいて、研究者側も小学校教員側も、このサーベイから得られた"あやういデータ"は、意外にも信憑性があるという手応えを得ることになった。共同で実施してきているがゆえに、ひとつの知見を両者が同時に見出せた貴重な「共通体験」となった。

　この「ぼーくん」というアイデアを提起した児童は当時の3年生で、普段は注目を浴びる機会が少ないおとなしい児童であったようだが、防災倉庫の名付け親になったことに対して、本人のみならず、クラス担任が非常に喜んだ。また、地区の自主防災組織のメンバーに、校庭の防災倉庫に愛称が付いたことを報告したところ——やや面食らっていたようではあるが——防災倉庫の塗装を「ぼーくん」という愛称にフィットしたデザインに変更する方針が打ち出されるまでになった（**写真2-6**）。

　このようにして、現実のフィールドにおいては、ひとつのアクションが別のアクションを惹起するような事態も容易に起きてしまう。それは、実践上は喜ばしいことではあるのだが、研究上は、当初の独立変数のピュアな効果を取り出しにくくするノイズにもなりかねない。児童は「ぼーくん」を見るたびに防

写真 2-6　「ぼーくん」として生まれ変わった防災倉庫
(2016 年度に筆者撮影)

災意識（従属変数）が高まることもあるのだから、校内放送の効果を厳密に測定できなくなったとも言えるのだ。

　ただし、これは言わずもがなだと思われるが、research in joint-action のさなかにあっては、フィールドの課題が改善していくこと（betterment）に関しては、共同実践者同士は、ともに言祝ぐ間柄となっている。したがって、ひとたびフィールドにエントリーした研究者は、事態の総体を眺めながら、事あるごとに新たな視点を置き直して、次なるリサーチに勤しむことになる。極言すれば、フィールドの関係当事者にとってみれば、もはやリサーチが不要になること（目的が達成されること）こそが、本当のゴールであるとさえ言えるだろう。

（3）　マンネリズムという壁に関して

　往々にして、取り組みを持続することは、取り組みを始めることよりも難しい。取り組みをスタートしたころのフレッシュな気持ちを関係当事者が持っているうちは、ポジティブなドライブが生まれやすいのだが、1 年……3 年……5 年と続けていくと、おのずと勢いに陰りが見えてくる。それが、世の常でもある。

　しかし、防災教育の共同実践においては、逆にそこからが真価が問われる局

面だとも言える。なぜならば、防災・減災は、いつ起きるともわからない災害に対する備えであり、それは明日のことかもしれないが、10年、20年以上先のことかもしれないからである。わずか3年程度の「モデル事業」をマネジメントするのであれば、ゴールに着地できるように"逆算"して行動すればよいので、"上向き・前向き"の気運のままで実践を終えることができる。しかし、小学校をフィールドにするのであれば、最低でも6年度間は取り組まなければ、確たる知見が得られたなどと嘯くわけにもいかないだろう。入学時から卒業時までの間で、児童に対してどのようなインパクトを持ったのか検討しなければ、事の善し悪しを判断することなど叶わないからである。

　さて、筆者が取り組んできた校内防災放送プロジェクトは、幸いにして、すでに8年度間、取り組みを続けることができた。そこで、上述した"6年度間の評価"をなすことができる地点に立つことができている。その成果の一端を見てみよう。

　2019年度の冬、放送委員の6年生児童6名に、自身の各学年時の防災関心度を振り返り、100点満点で自己採点してもらった[7]。その結果が、**図2-10**である。

　これを見ると、多少のばらつきがあるものの、低学年時にはほとんどの児童が防災に関心が持てず、100点満点で20点に満たない点数を付けていることがわかった。その原因を探索するために、採取したヒアリング・データを確認したところ、当時（低学年時）は知識が乏しく、放送内容が十分には理解できなかったので、関心が高まらなかったことなどが、おもな理由としてあげられていた[8]。

　ところが、学年があがるにつれて徐々に関心は高まりを見せていく。そしてほとんどの児童は、4年生から5年生にあがるころに、すなわち、放送委員会のメンバーになれる資格を得たころに、関心度のスコアが一気に上昇していた。ヒアリング時のトランスクリプトを分析すると、「自分も放送委員になって防災プロジェクトに参加したくなったから」というように、この学齢時に、ようやく学校内の取り組み（委員会活動）を身近なものとして感じられるようになっていたことがわかった。そして最終学年の6年生時には、多くの児童が80点以上の高得点で"高止まり"（平均で86.8点になっている）を見せるという

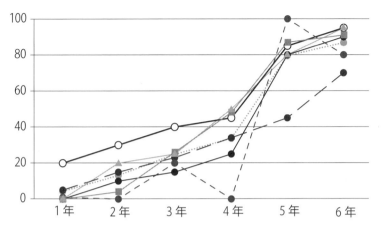

図 2-10　放送委員 6 年生児童 6 名の防災関心度得点の推移（単位：点）
（2019 年度の調査結果より）

共通した傾向があることがわかった（ただし、1 名は 5 年生でピークを迎えており、別の 1 名は 6 年生になっても 70 点であった）。

　また、アップ・ダウンが激しい 1 名は、4 年生のときには、「防災を面倒なこと」だと感じていたようで、1 度はスコアが 0 点に落ち込んでいるが、その後また浮上してきている。取り組みが継続しているからこそ、こうした“巻き返し”を図ることができたものと考えられる。ここから言えることは、たとえマンネリズムを迎えたとしても、それを乗り越えるポテンシャルがあればよいということである。ファッションに詳しい人であればピンとくるのではないかと思われるが、地道な実践が「norm-core（ノームコア＝“定番”）」に位置づけられたならば、それでよいのである。

　さて、ここで、2019 年度（取り組みを始めて 6 年度目の終了時）の、放送直後の挙手アンケートの結果を見てみよう（**図 2-11**、**図 2-12**）。もし、当該実践がマンネリ化しているのであれば、グラフはすぐに“頭打ち”になったり、年度の途中で“右肩下がり”に低落したりしているはずである。

　2019 年度の結果をもとにして、平均点の推移を折れ線グラフにしたのち、直線回帰を計算してみた（グラフの中の破線）。すると、「おもしろかったですか」は傾きがプラスになり、グラフが“右肩上がり”になった（**図 2-11**）。こ

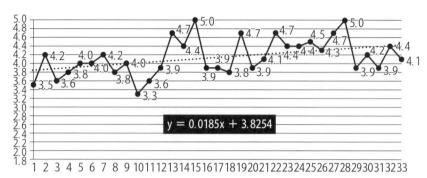

図2-11　「おもしろかったですか」（5〜6年生、n＝76）　2019年度

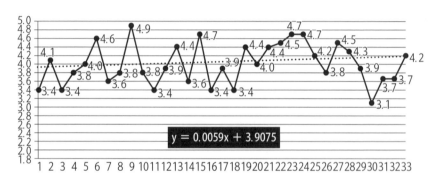

図2-12　「勉強になりましたか」（5〜6年生、n＝76）　2019年度

れはすなわち、6年度目においてもマンネリ化せずに、最終学年の児童たちが最後の1年間も、興味を持って放送を聴いていたことを示している。

　ちなみに、最高点（平均点が5.0点満点）が出たのは、シリーズ通算158回目（2019年度の15回目）の放送回と、シリーズ通算171回目（2019年度の28回目）であった。前者は「行列のできる防災相談所　ピクニック編にドラえもんが登場」というタイトルで、人気アニメ番組のキャラクターに児童が扮して、けがの応急措置について学ぶ内容であった。そして後者は、「防災川柳シリーズ第5弾」というタイトルで、大学生が出演して、真陽小学校児童が詠んだ防災の川柳を紹介するという内容であった（防災川柳に関しては、**第4章第2節**も参照）。

　次に、「勉強になりましたか」に関しても確認してみると、ややマイルドで

はあるが、グラフの傾きは"右肩上がり"になっていた（**図 2-12**）。ここで、先に最低点を出した回を見てみると、それはシリーズ第 173 回（2019 年度の 30 回目）で、「行列のできる防災相談所　ジャイアンが再び登場」というタイトルであった。最も「おもしろかった」と評価された回の続編で、アニメのキャラクターが避難所で要配慮者をサポートする方法を解説する硬派な内容であった。しかし、放送委員児童が声色を変えてしゃべるなど演出にたより過ぎたふしもあり、聴取した児童たちの声を集約してみると、「ふざけすぎていて、あまり内容が頭に入ってこず、勉強にはならなかった」という評価であった。

　そこで、「勉強になった」の評価軸で高得点を記録した回の内容をあらためて通覧してみると、「防災川柳」を紹介した回（シリーズ第 152 回、2019 年度の 9 回目、およびシリーズ第 166 回、2019 年度の通算 23 回）や、「おもしろかったですか」でも評価が高かったシリーズ第 158 回（2019 年度の 15 回目）「行列のできる防災相談所　ピクニック編にドラえもんが登場」などがあり、その他には、観光地を安全に旅する方法を紹介した回（シリーズ第 167 回、2019 年度の 24 回目）などとなっていた。

　児童たちは、1 年生のときから聞き続けてきた校内防災放送に、このようにしっかりと耳を傾けて、まなび続けている。放送委員会の担当教員からすれば、それはもう、"驚きの成果"なのだという。「1 〜 2 年くらい経過すれば、どうせ児童のほうが飽きてしまって、プロジェクトはフェイドアウトするだろう」と想定していたことを、筆者はずっとあとから聞かされたのだった。校内防災放送の進展は、"うれしい誤算"であった[9]。

（4）　アクションによる影響の残存具合

　アクションリサーチにおいては、アクションをしたことによる短期的な効果は、いわば"予期されたボーナス"に過ぎないとさえ言える。すこし踏み込んだことを言えば、思わぬところ（unintentional）に顕現した効果を確かめてみることのほうが、アクションの影響を正当に斟酌できる可能性が開けている。とりわけ研究者は——いや、筆者だけなのかもしれないが——、"見たいものだけを見たい"心性が働きがちなので、フィールドの内部で巻き起こっていることの意義を、フィールドの内外でたまたま発見するくらいが、ちょうどよい。

毎週コンスタントに小学校内で校内防災放送を聞いていることの効果を、当の小学校内で確認しようとすれば、ポジティブなアンサーばかりを得がちである。そこで、多くの児童が進学した中学校において、小学校時代の経験がどのように残存しているのかを確かめてみることにした（近藤, 2017）。

　調査の対象校は、真陽小学校の児童の多くが進学する最寄りの公立中学校である。当該校には、真陽小学校以外からは、おもに近隣の3つの小学校から子どもたちが集まってくる。この3校は、神戸市長田区内にある小学校であるため、阪神・淡路大震災に見舞われた経験もあり、いずれの学校においても、しっかりと防災教育がなされている。

　調査は、2016年度と2017年度に実施した。2014年度と2015年度に真陽小学校で校内防災放送を聞いて小学5〜6年生を過ごした子どもたちの防災関心度が、中学校1年生時（2016年度）と中学校2年生時（2017年度）に、どのように変化していたのかを追跡している。

　真陽小学校の卒業生とそれ以外の小学校の卒業生、それぞれのグループで、防災関心度の経年変化を比較したのが、**図2-13**である。一瞥するとわかるように、その傾向は、両グループで対照的な結果となった。

　真陽小学校を卒業して中学校に進学した生徒たちは、他の小学校を卒業した生徒たちよりも、中学校入学時の防災関心度は全般的に低いとさえ言える状態だった。しかし、中学2年になると、真陽小学校の卒業生のグループでは関心度が高いメンバーが過半数を占めるようになり、その割合が増加していたのに対して、それ以外のグループでは関心度が高いメンバーの割合が減ってしまっている。

　一体どのようなことが起きていたのか。真陽小学校在校時に放送委員をしていた生徒たちにヒアリングしてみると、他校から進学してきた同級生は、中学校の生活のなかで、次第に防災に対する興味は薄れ、別の関心事に意識が移っていくのだそうだ。一方、真陽小学校を卒業したメンバーは、校内防災放送の経験（思い出）が残存しているので、友達に防災の話題を提供する機会が持続するのだという。「同級生に防災のことを教えてあげる機会が結構あるんですよねえ」という真陽小学校の卒業生の得意気な顔が、きわめて印象的であった。

　防災の意識とか知識といったワーディングでわれわれが捕捉しようとしてい

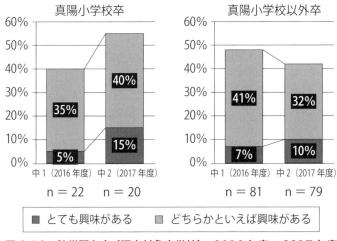

図 2-13 防災関心度（調査対象中学校） 2016 年度→ 2017 年度

る事柄は、実はこの「経験」（思い出）の蓄積である可能性がある。当該調査の
結果を知った共同実施者の小学校教員からは、「個別の知識が身に付いたかど
うかなどよりも、よほど大きな教育的効果が生まれている可能性があることが
見出せた」という感想が寄せられた。そしてこのとき、さらなる展望を宿した
"構想（夢）"をうかがったのだが、それは、あらためて本章の第4節で述べる
ことにしよう。

（5） コロナ禍の影響をフィールド内で確かめる

　防災実践にかかわるアクションリサーチをしていて、防災意識の変化（従属
変数）を追いかけている研究者ならば、外挿した独立変数が云々というより
も、そもそもベースライン自体が一気に変動してしまうような不測の事態を経
験したことがあるはずである。要は、災害が起きてしまえば、現場の関係当事
者の防災意識は撥ね上がるわけなのだから。

　ところで、逆に、アクションを中断せざるをえない事態に見舞われた場合
に、途端にアクションの効果——当該実践における独立変数の影響——は急
落・低減してしまうものなのだろうか。研究者サイドが目論んだプロジェクト
なぞ、本当はたいしたインパクトなんて持っておらず、意識がアップするのも

ダウンするのも誤差のうちなのであろうか。

　校内防災放送プロジェクトは、2020年の年初から世界的に流行拡大した新型コロナウイルス感染症禍（COVID-19災害）によって、学校の一斉休校なども あって、半年の間、中断することを余儀なくされた（2020年3月から2020年9月まで休止）。このインターバルによって生じた防災意識に対する影響の具合 を測定すれば、当該アクションが持っているポテンシャル（潜在力）を推定で きるかもしれない。そこで、共同実施者（小学校側）とも打ち合わせたうえ、 さっそく確かめてみることになった（近藤、2021a）。

　調査を実施したのは、2020年の12月半ばであり、対面式で、大学生1名が 児童1名に対して20分程度の聞き取りをする形式でおこなった。調査手順と しては、防災関心度を百点満点で表したときに、2020年4月の時点で何点、 5月の時点で何点……というように、1カ月というタイムスパンで区切って自 己採点してもらい、そのスコアと採点理由を自由に話してもらうようにした。 回答の内容は大学生が聞き取り、シート（グラフ）に落とし込んでいった。

　放送委員児童全11名分の結果をひとつにまとめたものが、**図2-14**であ る。このグラフを見ると、大きく4つのことがわかる。

　まず1つ目に、2人の例外（児童DとE）を除いて、全員が年度の後半（2学 期）になるほど数値が高まっていること、2つ目に、全員が9月になったとこ ろで数値が上昇しており、あとは下降していないこと、3つ目に、数値がゼロ になった（防災に対してまったく関心が持てなくなった）時期があった児童が4 名（A、B、D、I）いたこと、そして4つ目に、12月の調査時点で関心度が 高止まりしている児童（G、J、K）がいた反面、百点満点の半分を超えた程度 の60点に留まった児童（B）もいたことである。

　2020年度春からの時間の流れに沿って一連の状況を再整理してみると、お よそ次のようなトレンドがあったものと推察される。多くの児童たちは、入学 したときからずっと「校内防災放送」を聴いて育ってきたこともあり、人気の ある放送委員になることを熱望して新学期を迎えていた。しかし、2020年度 は、校内防災放送どころか通常の校内放送の活動もままならず、期待外れの念 をいだいた児童もいた。その結果、1学期の間（4〜7月）に防災関心度が高 まらない児童が数多くいた（たとえば、顕著なのは児童B、しかしそれ以外の児童

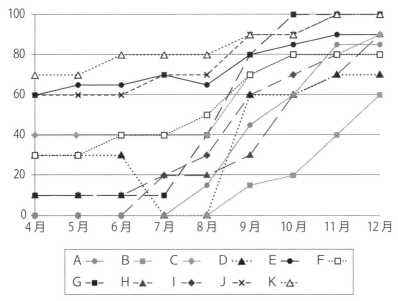

図2-14　放送委員児童別の防災関心度（主観得点）の推移　2020年度

も横ばいが目立つ）。その後、夏休みに入ると、防災とかかわる機会をほとんど
失ってしまった児童も多かったようである。児童Dは、防災関心度がゼロに落
ち込み、児童Eも自己採点の数値は高いながらも、やや減少傾向に転じている。

　しかし、2学期が始まると、ようやく「校内防災放送プロジェクト」が再開
し、一転、"盛り上がり"を見せ始めた。防災関心度を示す全員の数値がここか
ら上昇していく。

　それがどこまでの高みに至るか（どのように高揚を表現するか）は、児童の個
性にも拠るようである。しかし、2学期の間（9〜12月）には、減少傾向に転
じたことがあると回答した児童がひとりもいなかったという事実は示唆的であ
る。

　ただしもちろん、ここで見ている数値の高低は、"大学生が"児童に"直接
（対面式で）"「防災関心度」を尋ねているがゆえに、個々人の位相ではなく関係
性の位相に、すなわち「校内防災放送プロジェクトの取り組みの充実度」に読
み替えられてしまっている可能性があることには留意しておかなければならな

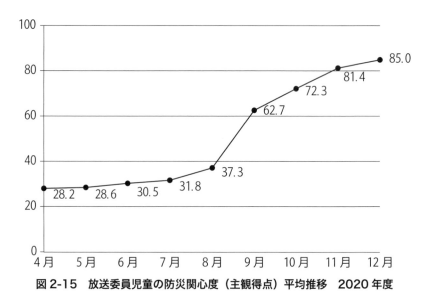

図 2-15　放送委員児童の防災関心度（主観得点）平均推移　2020 年度

いだろう。上段の記述に、敢えて"盛り上がり"を見せ始めたと記しておいた
とおり、現に 2020 年度は、放送回がシリーズ通算 200 回に向かっていたとい
う事情もあり、大学生も小学生もわくわくする雰囲気があった。したがって、
このコンテキストにおいては、純粋に「防災関心度」を測定できるほどには、
データの信頼性は担保されていない（近藤, 2021a）。

　また、レトロスペクティブに尋ねているという点においても、調査時点の高
揚感が回答に織り込まれていることは、分析する側も差し引いて見ておく必要
がある（近藤, 2020b も参照）。これらは、あくまでも参考値である。しかし、
それでもあらためて強調しておけば、スコアの些末なアップ・ダウンのトレン
ドを捨象して見た場合に、総じて、放送委員児童 11 名が皆、同じような自己
認識を持っていたことに関しては、その事実を軽視するわけにもいかないだろ
う。念のため、**図 2-15** に、放送委員児童 11 名の平均値のトレンドを掲載し
ておこう。

　コロナ禍の混乱のさなか、2020 年 4 〜 7 月において、児童の防災関心度を
示す主観得点のスコアは、百点満点で平均 20〜30 ポイントに留まっていた。

しかしなかには、高得点のまま横ばいになっていた児童もいた。このことは、持続的に取り組んできた校内防災放送プロジェクトの潜在力を示しているとも言えるのではないだろうか。これまでの長きにわたる取り組みの蓄積があったからこそ、その効果がキャリーオーバーして、こころが折れるような帰無的な事態を未然に防いでいたとも考えられる。

　さて、コロナ禍のまなび合いの様態を、ここでもうすこしだけ確認しておこう。校内放送の中身には、コロナ禍の影響はどのように及んでいたのか。連続的に取り組んでいる実践であるからこそ、こうしたリサーチ・クエスチョンには、すぐに応えることができる。教育の現場においても、コロナ禍における児童の心模様を様々なアングルから捕捉しておきたいというニーズは高まっているため、価値あるデータであるにちがいない。

　分析の作業は、単純明快である。2020年度の校内防災放送の原稿を精読して、例年と比べて顕著な違いが見られるか確かめてみた。まず、2020年度の放送履歴（全27回分）を、**表2-1** に示す。

　この表の「タイトル」や「主題」の列の内容を読むとわかるとおり、地震時・緊急時の対応や非常食・防災グッズ等を扱った身近な話題が多く、1月には阪神・淡路大震災、3月には東日本大震災というように、過去に起きた災害をモチーフにしている内容も数多く含まれている。これらのテーマは、例年よく見受けられることから、児童の興味・関心はコロナ禍にあってもさほど変動していなかったことがうかがえる。

　ところで、「新型コロナウイルス感染症」を主題にした放送は、意外にも、一度も発案されていなかった。したがって、放送委員児童はコロナ禍をひとつの「災害」として捉えていなかったという仮説を措くことができる。

　そこで、さらにこの点を検討するため、放送の中身を詳しく読み解いていくと、表中の★2（2020年度の27回目）などでは、コロナ禍にあってもプロジェクトに取り組めたことをねぎらう言葉が、出演した教員たちから送り届けられていた。

　また、表中の★1（2020年度の13回目）を見てみると、主題は「電気火災」になっているが、これは、コロナ禍で"おうちじかん"が増えたことから、屋内で家電製品を使う機会も増えたことによって、「電気火災」が発生するリス

表 2-1　校内防災放送　2020 年度の放送履歴

放送日	No.	シリーズ通算	タイトル	主題
2020/9/15	1	177	みんなで意気込みを伝えます	あいさつ
2020/9/23	2	178	真陽のボウサイタウン　〜「蜂」編〜	スズメバチ
2020/9/28	3	179	サバイバル・クッキング　おかしなコーンポタージュ	非常食
2020/10/5	4	180	真陽のボウサイタウン　〜防災倉庫のぼーくん編〜	防災資機材
2020/10/12	5	181	あつまれ！　真陽の森　〜オートミールでクッキング編〜	非常食
2020/10/19	6	182	鬼滅の防災　シリーズ第 1 回	地震・初動
2020/10/26	7	183	防災探偵事務所　〜防災リュック編〜	非常用持ち出し袋
2020/11/4	8	184	ドラえもん防災研究所　〜どこでもドア編〜	防災キャンプ
2020/11/9	9	185	あつまれ！　真陽の森　〜津波避難編〜	津波のメカニズム
2020/11/16	10	186	鬼滅の防災　シリーズ第 2 回	緊急時の対応
2020/11/24	11	187	防災探偵事務所　〜交通安全編〜	交通事故
2020/11/30	12	188	ドラえもん防災研究所　〜ガリバートンネル編〜	緊急時の対応
2020/12/7	13	189	あつまれ！　真陽の森　〜電気火災編〜	電気火災（★1）
2020/12/14	14	190	鬼滅の防災　シリーズ第 3 回	乾燥に注意
2020/12/21	15	191	探偵と怪盗　クリスマス・スペシャル	地震時の対応
2021/1/12	16	192	ドラえもん防災研究所　阪神・淡路大震災	阪神・淡路大震災
2021/1/19	17	193	あつまれ！　真陽の森　〜阪神・淡路大震災編〜	阪神・淡路大震災
2021/1/20	18	194	鬼滅の防災　シリーズ第 4 回	地震時の対応
2021/1/25	19	195	防災探偵事務所　〜怪盗ゆうまをつかまえろ〜	地震時の対応
2021/2/1	20	196	ドラえもん防災研究所　阪神・淡路大震災（続）	阪神・淡路大震災 地震の知識
2021/2/8	21	197	あつまれ！　真陽の森　〜チョコレー島〜	非常食
2021/2/9	22	198	鬼滅の防災　シリーズ第 5 回　最終回	地震時の対応
2021/2/10	23	199	防災探偵事務所　〜最終回〜	地震時の対応、 津波の知識
2021/2/12	24	200	200 回記念！　井手先生と田中先生のメッセージ	あいさつ
2021/2/15	25	201	ドラえもん防災研究所　〜怪人 S　最後の挑戦〜	地震時の対応
2021/2/22	26	202	あつまれ！　真陽の森　〜希望の島〜	東日本大震災
2021/3/1	27	203	みんなで感想を述べあいます	あいさつ（★2）

クが高まることを懸念して編まれた内容であった。

　校内放送で殊更にコロナ（感染症）のリスクを伝えると、低学年児童などが不安に思うかもしれないため、校内防災放送プロジェクトのなかではコロナの話題が“遠慮”されていたものとみるのが正当のようである。この点に関しては、児童と深く交流していた大学生たちからも証言を得ることができた。「放

送の冒頭の挨拶コメントなどにコロナの3文字を入れることは控えていた」というのである。コロナに関心が薄かった（災害として捉えることができなかった）のではなく、コロナ禍のリスクを十二分に認識したうえで、関係当事者同士が互いを気遣い合う関係性が築かれていたことが放送内容に影響したものと考えられる[10]。

4　実存的な意味におけるインパクト

　社会学者の泰斗、真木悠介（2003）は、若き日に記した旅のノートのなかで、メキシコの「メンティーラ」（mentira）という言葉に着眼して洞察を深めている。日本語に直訳しても詮ないことであるが、それは、すなわち「嘘」のことである。実存を賭けた、もしくは実存から湧き出た「方便」といったらよいだろうか。

　　人間の主観のおりなす世界の全体がひとつの共同のまぼろしだとすれば、「動かぬ真実」という岩盤のありやなしやにどれほどの意味があろうか。

　アクションリサーチのポテンシャリティを探索するために、さいごに、校内防災放送プロジェクトにおける、かけがえのない2つのメンティーラを取り上げたい。

　1つ目は、Aくんのエピソードである。放送委員となったAくんは、当初は最もやる気のない児童のように見えていた。たった45分間の打ち合わせさえも辛抱ならず、教室を飛び出してしまうような児童である。しかし、数カ月後に様子が変わった。ある女子大学生に、こう告げたのだ。「ぼくのおばあちゃんは、阪神大震災で死んだんだよ」。研究室側は、騒然となった。クイズなどで楽しく伝えるようなやりくちは、遺族のご子息に対しては失礼であり、もってのほかではあるまいか。慌てて対応策を練り始めた。そして、小学校側に事情を打ち明け、今後の接し方を相談した。そのとき、小学校の教員が示した状況認識は、ある意味で鮮やかなものであった。「ああ、Aの言葉ですか。それ、完璧に嘘ですよ。女子大生の気を引きたいんでしょうね」。Aくんの防災関心度

が、スコアとしては撥ね上がっていたことの内実。彼が発した言葉はまさにメンティーラであり、しかし、Aくんの実存を賭けた真実だった。

　2つ目は、Bくんのエピソードである。Bくんはまじめな児童で、放送委員会の取り組みを着実にこなし、とても良いコンテンツを次々と生み出していた。そんなBくんは、学年さいごの課題、「ありがとうのメッセージ」——お世話になった人に対する感謝の言葉を手紙のスタイルで書き記して校内に掲示するというもの——で、「大学生のみなさん、放送委員会でたくさんのことを教えて下さり、ありがとうございました」と書き残してくれた。他の児童は、親や兄弟、友達や学校の先生など、身近な人たちに対して御礼を述べているのであるが、敢えて、ともにプロジェクトを実施してきた大学生に向けて感謝の言葉を贈ったのだった。それは、とても感動的であり、校内防災放送プロジェクトが成功していることの証として、新聞などのメディアで取り上げられることになった。しかし……。ある意味でこれは、Bくんの大人への配慮からくるメンティーラだったのではないかと思えるのだ。周りにいる大勢の大人たちが喜ぶ、その反応を聡明なBくんは想像できていたからこそ、人目にふれる最終課題、「ありがとうのメッセージ」に、感謝の言葉を書き残したのではあるまいか。しかし、もちろんその言葉は、本当の思いの発露であるにちがいない。それでも、気掛かりではある。大学生に"直接"、御礼の手紙を渡している児童はこれまでに何人もいたのだ。

　このようにして、実存を賭けたメンティーラを目の前にしたときに、われわれは、いま何のためにアクションをなしているのか、その意味をあらためて洞察することになる。防災意識が向上するとか、防災力がアップするとか、そうした"お題目"とは別次元のこととして、われわれは、生の充溢のために、「いま」という時を、ともに必死に生き抜こうとしている。研究活動においては、たまたま調査の必要に迫られてフォーカスした当該アクションの些事（従属変数の動向など）にとらわれてしまう危険が常に潜んでいる。当該アクションを善なるものとして"前提"にしたときに、途端に目が曇って、眼前の真実は見えなくなってしまうのだ。アクションリサーチの可能性の中心は、実は、このような事態を回避するために、アクションもリサーチも、一度ブラケット（括弧）でくくって、対自化することにあるのではないだろうか。アクションやリ

サーチからすべてをまなざそうとすることの傲慢さを内破するために、あるいは、アクションやリサーチという虚構をベースにした関係性を脱構築するために、われわれはおずおずと、アクションリサーチというラベルを貼るのではないだろうか。このようにして、**図 2-1** で示した「research in joint-action」は、さらに「joint-research in joint-action」として再定位されたうえで、究極的には、「co-learning in our lives」として昇華される。

　前節の第4項で予示した小学校教員の"構想（夢）"とは、実はこの観点にふれる内容だった。「校内防災放送プロジェクトの良し悪しを決めるのは、子どもたちが成人の日を迎えたときにしませんか。真陽小学校区では、成人式を小学校でおこなっているんです」。彼ら／彼女らの人生のなかで、防災という営みがどのようにセットされたのかを見つめてみよう、アクションを評価するのはそれからでよいという提案である。このような長いタイムスパンを共同実践者に展望していただけたことに、筆者は感銘を受けた。自戒の意も込めて敢えて踏み込んで記しておけば、「研究プロジェクト」という名が付く教育事業の多くは、短視眼的な評価を追い求め過ぎる陥穽を自ら拡大再生産しているのかもしれない。もしそうだとすれば、教育という営みの本質からは、大きく逸れてしまっている。教育は、人々の生涯にかかわる営みである。

　さて、さいごにもういちど繰り返し確認しておくと、アクションリサーチとは、やはり「研究」という営みにおける「身構え」(stance) のことに過ぎないのであった。旅のノートで、真木悠介 (2003) は、インドのマドゥレイで出会った若者が別れの挨拶に使用した「イン・ジス・ライフ (in this life)」というフレーズにも瞠目していた。「この世のうちに！」。この言葉が持っている生の奥行をふまえたとき、生の断片という虚のなかに即座に生の真実を見たかのように語ることの愚から、アクションリサーチの謙虚な身構えは、われわれを掬い出してくれるにちがいない。このようにして、筆者なりにアクションリサーチを意訳しておくと、すでに**図 2-1** で示しておいたとおり、「co-learning in our lives（人生におけるまなび合い）」ということになるだろう。

5 学校現場へのインプリケーション

この章を閉じるにあたって、もうすこし平易に、学校現場に対して当該実践はどのような示唆を与えうるものなのかを概括しておく。校内防災放送のアドバンテージ、ないしはポテンシャルを、以下に大きく8つ示した（**図2-16**）。順に見ていこう。

1点目は、児童の主体性を喚起している点である。ただしもちろん、このことは、放送委員に関しては十分あてはまるし、たくさんのエビデンスを示すことができるのだが、教室にいて放送を聴いている（だけの）児童に関しては、必ずしもあてはまるものではない。何らかの参加を促すような——防災倉庫の愛称を考えたり、あるいは、放送時にクイズに答えたり——仕掛けが求められる。しかし高学年児童からは、「自分が放送委員になって、低学年児童に防災のことを教えてあげたい」という声も多く聴かれることから、いろいろな意味で児童のまなびの意欲を強化してくれているものと期待している。

2点目は、「ローカルナレッジ（local knowledge）」がまなべることである。このことは、記念すべきシリーズ第1回の放送原稿を見てもらえば、理解が早いであろう（**図2-17**）。

№	
1	児童が主体的にまなべる
2	児童がローカルナレッジを習得
3	児童が自己効力感を得られる
4	児童が持続的にまなべる
5	児童の人生の糧となる
6	現場の負担増にならない手法
7	防災教育と防災管理の両立
8	大学と小学校、地域との連携・協働

図2-16　校内防災放送プロジェクトのアドバンテージ

では、第1問。

学校にいるときに、津波の危険を知らせる「警報」が発表されたら、次の
うち、どのような行動をとるとよいでしょうか?

1：急いで海のようすを見に行く

2：家族に知らせるため家に帰る

3：先生の指示にしたがって北のほうに逃げる

正解は、「3」の「先生の指示にしたがって北のほうに逃げる」です。
防災訓練でおこなっているとおり、あわてずに、先生の指示にしたがって
避難しましょう。

図2-17　シリーズ第1回の放送原稿（抜粋）　2014年度

　津波警報が出た際の適切な対応行動に関して、三択クイズで質問している。
正答は（台本上は）、「先生の指示にしたがって北のほうに逃げる」である。こ
の「北のほうに」という箇所は、真陽小学校にとっては、きわめて重要な"生
き残るための知識"である。

　一般的な回答として、「高台避難」という選択肢があったとしても、それは、
真陽小学校では意味をなさない。学区は平坦で、そもそも高台が存在しないか
らである。テレビやラジオなど、マスメディアを通して伝えられるユニバーサ
ルな情報は、子どもたちにとってみれば、何のリアリティもないわけである。
一方で、「北のほうに」というフレーズは、高学年児童であれば、「北のほうに
ある国道をわたって水笠通公園まで」というフレーズに、即座に置換すること
ができる。ローカルな文脈における知識、「ローカルナレッジ」こそが、いざと
いうときのチカラになる。もちろんこれは、たとえば大阪市内であれば「東の
ほうに」等、地域の特性に合わせてローカライズ／カスタマイズしていく必要
があることは言うまでもないだろう。

　3点目は、自己効力感の醸成である。現在の日本社会は、「レベル2」（1000
年に1度くらいの低頻度にしか起きない巨大災害）に備えるという方針のもと、

"最悪の最悪"の被害想定が公表されていることから、かえって、「やっても無駄」、「どうしようもない」、「来たときは来たときだ」という諦念が、大人社会の中からでさえも漏れ聞こえてきている。そこで、シリーズ第1回の原稿にもあるとおり、「防災訓練でおこなっているとおり」に行動すれば、きっとみんな助かるんだということを、ねばり強く繰り返し児童に明示していく必要がある。

したがって4点目、取り組みの持続性が確保されやすいことは、とても大きなアドバンテージとなっている。そもそも、全校児童が一斉に、しかも通年で同じことをまなべるプログラムやカリキュラムというのは、そうたくさんあるものではない。持続するから、硬軟織り交ぜて、多角的に、多様に、臨機応変に実施できるのである。一度きりのチャレンジであれば、"うまく失敗させる"ことなどできようはずもない。この実践が"失敗からまなぶ"、"走りながら修正していく"ことを6年度間のタイムスパンで許容されている点は、教科学習のプレッシャーなどからすれば異次元の境地にあるとさえ言えるだろう。

そして5点目、人生の糧となる点も、アドバンテージのひとつである。持続的な取り組みを通して、児童は経験を積み上げていく。その蓄積があって初めて、防災は自分の人生のなかで生涯考え続けていかなければならないものだということがマインドセットされる。「防災が大事」というフレーズをただ丸暗記しても、何の役にも立たない。「みんなで大事に取り組んできたことが、実は防災ということだったのだ」と、しっかりあとから意味づけられることこそが大事なのだ。災害は、人生のどの時点で襲ってくるのかだれもわからないからこそ、長期的な展望を持って、児童たちの人生の糧となるように水路を拓いて（canalization）あげる必要がある。

ただし、このような高邁な理想を唱えたとしても、現場できりきり舞いしていたとすれば、児童のこころに届くべきものも少なくなってしまうだろう。だからこそ、現場の負担増にはならないような工夫や仕掛けが求められるのだ。学内で"すきま"や"ニッチ"を探してみても、実際には、選択肢など、ごく限られていることを痛感するはずである。しかし6点目（現場の負担増）を、実践上のアキレス腱として、そこで思考停止していてはならない。ここは、大人のふんばりどころである。

7点目にあげた「防災教育」と「防災管理」のリンケージも、教育現場にお

いて、死活的に重要なものと考える。たとえば、シリーズ第 1 回の原稿にある
津波避難の行動指針は、教職員の間でも周知徹底されていなければならない事
項である。そして、常に点検がなされなければならない事項でもある。この三
択クイズの解説が「防災訓練でおこなっているとおり、先生の指示にしたがっ
て避難しましょう」であることに対して、実は、ある高学年児童から異論が唱
えられたことがあった。防災訓練時には、毎回、歩道橋を渡っているが、それ
は災害時でも大丈夫なのか。防災訓練では、いつも同じ経路をたどっている
が、本当にそれでよいのか……。もっともな意見である。さっそく、学校の避
難マニュアルを拡充させるためにも、別ルートの検討がおこなわれた。そし
て、その結果をふまえて、校長が校内防災放送において児童に回答した。「災
害が起きたら、先生たちは先遣隊をつくって安全な道を探します。別ルートも
検討します」。このようにして、児童も教員も、ともに切磋琢磨することが、全
体の防災力を底上げする近道となるにちがいない。

　さいごに 8 点目に関しては、見出しのフレーズの後半部分、「地域との連
携・協働」が特に重要である。在校時に津波が襲ってくれば、児童は「北のほ
うに」逃げる。これは、すでに真陽地区で共有されたルールである。保護者は、
北のほうにある広い公園で児童と合流することになっている。そして、仮に避
難時にピンチに陥ったとしても、互いの動きを知っているからこそ助け合える
可能性が高まる。真陽小学校では、阪神・淡路大震災以降、毎年、学校と地域
で一緒に防災訓練を実施してきた。地域の住民は、校内放送の取り組みにも賛
同してくださり、生放送に自主防災組織のリーダーが出演して津波避難ルール
を児童に解説してくださったこともあった。放送室から届けられた「おっちゃ
んたちが避難を呼びかけたら、ぜったいに逃げ切るんやで」という力強いメッ
セージは、教室にいた児童たちのこころに確かに刺さったようだった。「勉強
になりましたか」の挙手アンケートのスコアが、そのときは撥ね上がっていた
のだ。防災倉庫の「ぼーくん」のニックネームを地域で許容してくれたのも、
このような関係性の賜物であったものと考えられる。校内放送に出演した消防
団員（分団長）は、当時の 5 年生児童の父親であった。児童は、父親のことを
誇らしげに語っていた。そしてこの児童も、将来、真陽地区の安全に寄与す
る、たくましい大人へと成長してくれることだろう。学校が地域の人材を育

て、地域が学校という場を育てなければならない。ここにも、まなび合いの構図が埋め込まれている。

〈補注〉
1）　イアン・パーカー（2008）は、「あらゆるリサーチ（研究）は、アクション（実践）である」と喝破している。また、あらゆる質的研究は、「未来構想的」（prefiguratively）であるとも指摘している。

2）　筆者が2021年度に監修した小学校高学年を対象とした防災資料集『これからの防災　身につけよう！　自助・共助・公助』（ポプラ社）シリーズの第4巻でも、真陽小学校の取り組みを紹介している。

3）　校内防災放送プロジェクトは、もとから「フォーマルな学習」と位置づけられることを志向していないという点において、いわゆる「ノンフォーマル学習」のカテゴリーに含まれると言えるであろう。また、プロジェクトの展開をトータルに見渡すと、広義の「インフォーマル学習」のカテゴリーにも含まれると言えるだろう（たとえば、山内・山田, 2016; 丸山・太田, 2013）。ここでは、衒学的な定義のあてはめにこだわるよりも、現場で柔軟にプログラムされて継承されていることを重視するとよい。第3章や第4章などでふれるように、教育実践は、本来は形式などにはこだわらずに、融通無碍に創造・展開していくことが肝要である。真に重視すべきポイントは、実践共同体の関係性（relationship）のほうである。

4）　毎週1回放送するというペース自体は、当初から変わっていない。ところで、「月曜日に」というタイミングを確定させたのは、2年度目からである。放送委員会を担当する教員から、「月曜の昼は防災の放送！」と決めたほうが、放送を聴く側の児童も習慣化できるという助言をいただいた。アクションリサーチではこのようにして、現場の知恵が巧みに生かされていく。

5）　ここでも、アクションリサーチの身構えが生かされている。防災意識調査は、低学年児童に対しては、「調査すること自体に負荷がかかりネガティブな影響を与えるおそれがある」という現場の意見を参考にして、当該校では原則、高学年児童に対象をしぼっている。

6）　教室内で挙手アンケートをおこなう方法に関しては、すくなくとも以下の3点、留意しておく必要があるだろう。まず1つ目は、児童同士が互いの評価を知りえてしまうことから、たとえば偏りのある評価をなした児童に対して、他の児童からネガティブ・フィードバックが起きてしまうおそれがないかという点である。この点に関しては、本文に記したとおり、給食の時間の作業になることから、筆記用具の使

用等については差し控えたほうがよいとの判断もあって、小学校側の提案で挙手ア
ンケート方式を採用することになったという経緯がある（近藤・山内・松永,
2014）。そのため児童同士の関係性を信頼して、和気あいあいとした雰囲気の中で
評価（挙手）してもらうようにしている。また、留意点の2つ目として、クラス担任
が挙手をリードし集計作業をおこなうことから、教員（大人）の目線が児童の評価
に織り込まれてしまうおそれがあることがあげられる。この点に関しては、クリア
カットな解決策を提示することは叶わないが、すくなくとも児童に対して、「放送の
質を向上させるためにも率直に回答してください」と、事前にインストラクション
してもらっている。留意点の3点目として、しかしながら、留意点の1点目と2点
目を斟酌した場合、回答データにどこまで信頼を寄せることができるのかという根
本的な問題が浮上する。この点に関しては、放送委員会の担当教員等と回答傾向を
常に共有して、恣意的な回答が多く紛れていないか確かめている。「勉強になった
か」と「おもしろかったか」の相関関係に関しては、上田・近藤（2016）で紹介し
ているが、実際には、中程度の正の相関があることがわかっている。「勉強になった
か」と「おもしろかったか」に同時に影響を与えている潜在変数に関しては、現在の
ところ、仮説ではあるが「上手にスピーチできていたか」が有力候補となっていて、
さらに、児童たちの言動からは、「人気のある児童が出演していたか」も候補として
浮上してきている。今後さらに検討を続けていきたい。

7）　この調査・分析手法は、災害復興学における「復興曲線」を描くアプローチ（宮本,
2013）から着想を得ている。ただし、従来の「復興曲線」調査では、調査対象者（す
なわち「語り手」）を、物語（ナラティブ）を生成する主体として位置づけているこ
とから、曲線の座標軸には特段の制約を設けず、目盛りなどを研究者側が意図的に
施さないようにデザインしている。一方、本研究では、小学生児童に照準している
ことから、子どもたちでも語りおこしやすくするために、便宜上、百点満点で採点
することにした。ところで、過去の時点を「現時点においてどのように意味づけて
いるのか」確かめようとすることに関しては、採取したデータの信頼性に関して、
一般的に次のような疑義が発生する。すなわち、過去の記憶を客観的に正しく取り
出すことなどできないし、特に子どもたちの記憶・言説というものは曖昧であるた
め、このような手法から得られたナラティブ・データには信憑性がないという見立
てである。この点に関しては、2つの展望を持っておくことが有益であろう。1つ
目の展望は、本研究はあくまでも「現時点において意味づけられた過去」を捕捉し
ようとしているので、児童の回答が曖昧であることも含めてトータルに有意味だと
いう考え方である。極論すれば、「何も覚えていません（No answer）」という回答
もありうるし、そのようにリプライしたことに実存的な意味を見出すこともできる

わけである。さて、もうひとつの展望は、上述した制約をまず前提として受け入れたのち、渥美（2014: p.206）の指摘するとおり、x軸、y軸のみならず、z軸の視座を持つことである。たとえば、数年後にあらためて同様の聞き取りをおこない、両データの異同を分析してみる。そうすれば、経時的に異なる地点から眺めた「過去の意味づけ方」の変容を立体的に明らかにすることができる可能性がある。要は、ワンショットで判断する短絡を回避すべしということである。

8）　低学年にとってみれば、防災の放送はなかなか理解が及ばないようであることをふまえて、低学年の教室だけ放送しないという措置をとることも何度か検討したことがある。しかし、小学校側の判断としては、「わからないなりに、いま大事な放送を高学年と大学生がしてくれていることを感じ取ってくれるならば、それでよい」ということであった。筆者も、この判断に賛同している。当該プロジェクトを興してから、2022年春の時点で4人の校長とコラボレーションしてきたことになるが、いまのところ皆、同じ結論を見出してくださっている。

9）　ありがたいことに、校内防災放送プロジェクトは、内外で高い評価をいただいている。おもな受賞歴としては、2015年度ぼうさい甲子園・教科アイデア賞、2016年度防災ラジオドラマコンテスト・最優秀賞グランプリ、2017年度防災まちづくり大賞・消防庁長官賞、2018年度防災のための学生福島賞（復興大臣表彰）、2018年度ぼうさい甲子園・フロンティア賞（真陽小学校が受賞）、2019年度ともにつくる安全で安心なまちづくり賞（神戸市長表彰）、2019年度ぼうさい甲子園・グランプリ（近藤研究室が受賞）、2019年度ジャパン・レジリエンス・アワード（教育機関部門）金賞などがある。また、筆者が所属している関西大学からも、研究室に学長奨励表彰を授与してくださるなど、長らくあと押しをしていただいている。この場を借りて、関係各位に感謝の意をお伝えしたい。

10）　コロナ禍における日本のメディア状況やインフォデミックの功罪に関しては、別稿（近藤, 2020a, 2020bなど）で詳しく論じている。児童・生徒たちは（大人と同様に）、コロナをめぐる情報の渦のなかで日々サバイブしていることに配視していく必要があるだろう。

〈参考文献〉

渥美公秀（2014）『災害ボランティア——新しい社会へのグループ・ダイナミックス』弘文堂.

イアン・パーカー（2008）『ラディカル質的心理学——アクションリサーチ入門』八ッ塚一郎訳，ナカニシヤ出版.

近藤誠司・山内翔眞・松永和樹（2014）「校内放送を活用した循環型防災学習プログラム

の開発」第5回社会貢献学会大会予稿集，pp.7-10.

近藤誠司・杉山高志（2015）「校内放送を活用した減災アクションリサーチ」日本グルー
　　プ・ダイナミックス学会第62回大会発表論文集，pp.36-37.

近藤誠司（2016）「校内防災放送のポテンシャリティ──神戸市長田区真陽小学校におけ
　　るアクションリサーチから」日本安全教育学会第17回徳島大会プログラム・予稿
　　集，pp.50-51.

近藤誠司（2017）「校内防災放送の長期的な教育効果に関する基礎的考察──神戸市長田
　　区真陽小学校におけるアクションリサーチから」日本安全教育学会第18回岡山大会
　　プログラム・予稿集，pp.95-96.

近藤誠司（2020a）「COVID-19　インフォデミックの諸相」『社会安全学研究』第11巻，
　　pp.85-95.

近藤誠司（2020b）「コロナ禍の情報空間に関する基礎的考察」『社会安全学研究』第11
　　巻，pp.3-13.

近藤誠司（2021a）「コロナ禍が児童の防災学習意欲に与えた影響──校内防災放送プロ
　　ジェクトの動向に着目した傾向分析」『防災教育学研究』Vol.2(1)，pp.47-55.

近藤誠司（2021b）「校内放送を活用した持続的な防災教育プロジェクトの影響評価──
　　小学生児童の6年間の防災意識の変化に着目して」『防災教育学研究』Vol.1(2)，
　　pp.83-92.

近藤誠司（2022）「アクションリサーチ　その可能性の中心──校内防災放送プロジェク
　　トを題材として」『災害情報』No.20-1，pp.157-166.

真木悠介（2003）『気流の鳴る音』筑摩書房.

丸山英樹・太田美幸（2013）『ノンフォーマル教育の可能性──リアルな生活に根ざす教
　　育へ』新評論.

宮本　匠（2013）「復興のプロセス」『発達科学ハンドブック7　災害・危機と人間』日本
　　発達心理学会編，pp.209-213，新曜社.

上田清加・近藤誠司（2016）「校内防災放送のポテンシャリティ──神戸市長田区真陽小
　　学校におけるアクションリサーチから」社会貢献学会第7回大会 Design & BOSAI
　　──社会に貢献する人、まちのあり方──予稿集，pp.9-10.

山内祐平・山田政寛（2016）『インフォーマル学習』日本教育工学会監修，ミネルヴァ
　　書房.

矢守克也（2010）『アクションリサーチ──実践する人間科学』新曜社.

矢守克也（2018）『アクションリサーチ・イン・アクション──共同当事者・時間・デー
　　タ』新曜社.

第3章
インクルージョンとオープンネス

　前章までの記述で、本書が意図している「まなび合いのアクションリサーチ」の概要や典型を、ひとまずのところ紹介できたのではないだろうか。そこで本章では、さらに、2つのコンセプトを加味して、筆者が取り組んできた防災教育実践の価値を掬い出していきたい。「インクルージョン（inclusion）：包摂すること」と「オープンネス（openness）：開放性」である。常に胸を開き、目を見開いて、より多くの人と互いの違いを尊重し合って、"まなび合い"の関係性をより豊かなものにしていく。そのためのキーコンセプトである。

　序章で示したように、まなび合いの照準は、教員と児童、親と子、専門家と非専門家といったリニアな関係性に閉じ込められるものではない。多方向に乱反射するものであり、そこにポジティブな意義を見出せるものでなければならない。筆者が提唱する「四次元のまなび合い」のコンセプトによれば、過去や未来を現在に織り込む時間感覚を確保することも、また重要である。

　このあと第1節では、小学校内でのまなびを、地域や、さらには地域の外に向かって開放・解放していくまなび合いの展開例を見つめてみよう。そこには、まだ実践上の課題も多く残されているが、秘められたポテンシャルもある。

　第2節と第3節では、前章で紹介した校内防災放送プロジェクトからのスピンオフを紹介する。ここで照準しているのは、いわゆる「災害時要配慮者」の問題である。

　そして第4節では、コロナ禍の危機をふまえて、まなび合いがどのように変容したのか、われわれは変容した状況から何をまなびえたのかを検討する。

1 「こども梧陵ガイド」プロジェクト

（1） 二次元、三次元、そして四次元へ

　本節で紹介する実践の具体を紹介する前に、あらためて問題意識を確認しておこう。日本社会では現在、多種多様な防災教育プログラムや防災イベントが全国各地で活発におこなわれている[1]。しかしながら、そのなかの多くは、災害に関する知識や技術を児童や生徒に一方的に教え込もうとするワンウェイの伝達スタイルに留まっているように見える。阪神・淡路大震災を契機として加速している現下のトレンドを“第3の時代”と命名した城下（2012）によれば、「知識伝達型」の手法には一定の成果があることは認められるが、「教える側」と「教えられる側」の役割を固定化させ、児童・生徒のまなぶ意欲が育たなくなるおそれがある[2]。同様に、より基底的な問題として、ワンウェイの関係性は災害情報に関するパターナリスティックな構図を強化し、かえって受動的な姿勢を生み出す弊害があることも指摘されている（たとえば、矢守, 2013）[3]。防災教育手法を検討する際には、知識が増えれば防災力が向上するとみなす古典的な「欠如モデル」に依拠するのではなく、防災を“一生の問題”(matter of a lifetime) と捉えて、息長く災害リスクと向き合っていく巧みな知恵や謙虚な心構えを醸成する新たな理念モデルを構築していかなければならない。

　ところで、もちろんすでにワンウェイの伝達スタイルの限界を乗り越える新たなアプローチとして、ゲーミングやロールプレイなどの手法を活用した「体験（重視）型」の教育手法も数多く提起されている。しかしそれらの多くも、実際には「学ばせて終わり／体験させて終わり」というワンショットのアクションが多く、やはり教員と児童・生徒などの関係性を見てみると、企画した側の“押し付け”の域を出ていないものも多い。加えて、千々和・矢守（2020）によれば、防災教育研究のトレンドとして、実践時のプレ／ポストにおける従属変数の値の変動──すなわち、ごく短期的な効果──を確かめた（だけの）調査が約7割を占めているという（さらに、近藤, 2017）[4]。

　そこで筆者らは、上述した実践上の課題を超克するために、持続的なまなびの場を通して得られた知識や経験を、学習者自らが「伝え手」になって他者に

伝達する「まなび合い」型の防災教育手法を再検討するアクションリサーチを
試行することにした。具体的には、小学生が津波防災学習施設で来館者に対し
て防災に関するガイドをする取り組みを実施し、その教育効果を多角的・実証
的に分析するというものである。

なお、先にあげた城下（2012）では、イギリスの安全教育センターの実践を
例にとり、「専門家―ガイドボランティア―市民」の関係性を「複層的なまな
び」が具現化したケースとして捉え、その効果をポジティブに評価している。
また、筆者らも、児童が他者に情報伝達することを「通常とは逆向きの教育」
と位置づけ直して、従来の防災教育におけるワンウェイの関係性を改善しよう
と努めてきた（近藤・植竹・石原，2018）。しかしながらこれらのコンセプトで
は、二次元の平面的な主従関係――たとえば、「教員」から「児童」へ――を反
転・中和させることにとらわれてしまって、"思ってもみない他者"の存在や、
"これまでになかった結びつき"という未知なる関係性――三次元の関係性、
これを「360度の学び合い」（近藤・石原，2020）と呼ぶ――があることのポテ
ンシャリティを掬い取りにくいという課題があった。そこで、さらに過去や未
来の他者というディメンションも加えた「四次元のまなび合い」（co-learning in
four dimensions）という新たなコンセプトを提起して、本研究が見出したひと
まずの成果と併せて、現時点では不足している視角も補いながら考察するよう
にした。

（2）"梧陵さん"を通したまなび合い

本研究の調査対象フィールドである和歌山県有田郡広川町は、和歌山県の中
央北寄りに位置した紀淡海峡に面した町である（**写真 3-1**）。2020 年 5 月 31
日現在で、人口は 6,906 人、世帯数は 2,823 世帯となっている。南海トラフ巨
大地震が発生すると、最悪の場合、約 30 分で津波が来襲すると予測されてい
ることから、津波防災を促進することが喫緊の課題となっている（**写真 3-2**）。

過去には、1854 年の安政南海地震、1946 年の昭和南海地震等で津波が襲来
した記録が残っている。安政南海地震の際には、郷土の偉人・濱口梧陵が、当
時は貴重だった稲むらに火をつけ、津波で流されてしまった人たちの避難経路
を指し示し、多くの命を救った（広川町教育委員会，2016）。このエピソードは

写真 3-1　広川町の様子（筆者撮影）

写真 3-2　広川町の港の様子（筆者撮影）

写真 3-3　役場前の濱口梧陵像
　　　　　（筆者撮影）

写真 3-4　広村堤防（筆者撮影）

　いまもしっかり伝承されていて、地元の小学校では、濱口梧陵の偉業について
まなぶ機会がたくさんある。そのため地元では、濱口梧陵は "梧陵さん" と呼
ばれ、親しまれている（**写真 3-3**）。

　濱口梧陵は、津波防災だけでなく、津波によって職を失った人を雇いあげ、
広村堤防（**写真 3-4**）をつくるなど「復興まちづくり」にも尽力した。このよ
うな濱口梧陵の功績を語り継ぎ、将来の災害に備えるために、2007年、広川
町には濱口梧陵記念館と津波防災施設を併設した「稲むらの火の館」が建てら
れた（崎山，2015）。

　その他にも、広川町には、広村堤防に土を盛る「津浪祭」や、松明を持ちながら避難場所となる広八幡神社までの道のりを歩く「稲むらの火祭り」等、様々な防災イベントがおこなわれている。

　この町にある広川町立広小学校では、防災教育が熱心に取り組まれている。小学1年生のときから防災についてまなび始め、6年をかけて様々なテーマでまなびを深めていく。ただし、そのまなびの多くは校内に閉じており、町民や町外の人たちがその委細を知る機会は少なかった。そもそも、児童たちが「稲むらの火の館」に足を運ぶ機会も限られていた。

　そこで、2016年度、関西大学近藤誠司研究室と龍谷大学石原凌河研究室が広小学校と「稲むらの火の館」と協働して、新たな取り組みをスタートさせることになった。活動内容を約言すると、最高学年となった6年生が大学生と力を合わせて、「稲むらの火の館」を訪れた来館者に対してガイドをおこなうというもので、「こども梧陵ガイド」と名付けている。2016年度を皮切りとして、2019年度までに、すでに4回実施した（**表3-1**）。

　2019年度を例にとり、さらに詳しく「こども梧陵ガイド」の活動内容を説明すると、1年間の流れは、**表3-2**に示すとおりであった。

　小学校の1学期のうちに大学生と児童が顔合わせをおこない、2学期になると津波防災や濱口梧陵に関するクイズと解説文を作成して台本にし（**写真3-5**、**写真3-6**）、「稲むらの火の館」で事前練習をおこない、ようやく本番を迎えた（**写真3-7**、**写真3-8**）。ガイドの実施は、2日間、午前と午後で2時間ずつ、合計8時間であった。

　児童と大学生は施設内の4カ所に分散して来館者を待ち受け、各所で2問ずつクイズを出し、ガイド（解説文の読み上げ）をおこなった。「こども梧陵ガイ

表3-1　「こども梧陵ガイド」プロジェクト　ガイド本番実施日

2017年3月4日、3月11日	第1回こども梧陵ガイド
2017年8月8〜9日	第2回こども梧陵ガイド
2018年10月21日	第3回こども梧陵ガイド
2019年11月16〜17日	第4回こども梧陵ガイド

表 3-2　こども梧陵ガイド　2019 年度実施要領

5 月 20 日	広小学校に大学生が訪問して打ち合わせ
7 月 18 日	交流授業・CREDO（防災の決意）作成
9 月 2 日	避難訓練・着衣水泳を大学生が見学
10 月 7 日	交流授業・クイズ作成
10 月 19 日	稲むらの火祭りに大学生も児童も参加
10 月 28 日	大学生と児童でガイドの練習
11 月 15 日	広小の音楽会を大学生が見学
11 月 16 日	第 4 回こども梧陵ガイド　本番 1 日目
11 月 17 日	第 4 回こども梧陵ガイド　本番 2 日目
11 月 18 日	ふりかえり授業

写真 3-5　大学生と児童がクイズを
作成する（筆者撮影）

写真 3-6　クイズを品評し合う
（大学生が撮影）

写真 3-7　ガイド本番の様子 1
（写真左側が来館者、筆者撮影）

写真 3-8　ガイド本番の様子 2
（海外からの来館者も、筆者撮影）

【津波シミュレーション】クイズ

（4）問題

では、問題です。

問題文と選択肢を繰り返す、スケッチブックを提示

津波の色は、沖合では何色でしょうか？

1ばん：青色
2ばん：黒色
3ばん：どぶ色

【津波シミュレーション】クイズ

（4）こたえ

正解は、「1ばんの青色」です。

津波は、沖合では海面が盛りあがっているだけの
状態なので、海水の色のままです。

そのあと、陸に近づくと、海底のどろや砂を
まきあげながらやってくるため、にごってきます。
また、海の漂流物やこわれた建物の破片も
いっしょに流れてくるため、とても危険です。

図 3-1　クイズ台本（津波に関するクイズの一例）

【稲むらの火展示室】クイズ

（3）問題

では、問題です。

問題文と選択肢を繰り返す、スケッチブックを提示

毎年 11 月 5 日に広川町では、
防災の誓いを新たにする「津浪祭」と
いう祭があります。
ではその「津浪祭」はこれまで 100 回
以上行われた。
○か×、どちらでしょうか。

（○だと思う人、手をあげてください。）
（×だと思う人、手をあげてください。）

【稲むらの火展示室】クイズ

（3）こたえ

正解は、「○」です。

「津浪祭」は今年 117 回目でとても
歴史のある祭です。

安政元年の大津波から 50 年目の 1903 年から
始まりました。

この祭では、町の人々やわたしたち広小学生、
耐久中学生が参加して堤防に登って土を盛り、
安全をいのります。

図 3-2　クイズ台本（広川町に関するクイズの一例）

写真 3-9　着衣水泳訓練時の様子
（筆者撮影）

写真 3-10　火祭りに大学生も参加
（筆者撮影）

ド」を体験した来館者は、2 日間の総計で 300 名ほどになった。なかには、海外からの団体客などもあった（再び、**写真 3-8**）。

　2019 年度に作問されたクイズは、全部で 19 問である（**図 3-1**、**図 3-2**）。2016 年度から蓄積されてきたクイズのストックがすでに 50 問ほどあったのだが、児童たちが「ゼロから作り直したい！」という強い意欲を示したことから、あらためてアイデアを寄せ合うかたちとなった。

　クイズを作問すること、発声の練習をすること、本番のガイドをすることが取り組みの骨格ではあるが、大学生と児童は、夏の避難訓練や秋の火祭りなどの機会をとらえて、交流を深めていった（**写真 3-9**、**写真 3-10**）。新型コロナウイルス感染症の影響で最終的には取りやめとなったが、サプライズで大学生が卒業式に飛び入り参加する予定にもなっていた。

　なお、このプロジェクトでは保護者にも町民にも取り組みの内容を知ってもらうため、2019 年度の春からは、大学生が 2 つの広報媒体を制作している。ひとつは、防災版の学校だよりで「梧陵タイムズ」といい、月に 1 度、全校児童に手渡しをするかたちで家庭に届けている（**図 3-3**）[5]。もうひとつは、「稲むらの火の館」が毎月発刊している「やかただより」の中で半ページの紙面をもらい、大学からのお知らせとして「関大龍谷ニュース」[6]を掲載している。これは町内で全戸配布されている。

図 3-3　大学生が編纂している「梧陵タイムズ」

（3）　実践の直接的効果と波及的効果

実践の効果を測定するために、本研究では2つの調査を組み合わせて実施した。調査1は、2019年度の「第4回こども梧陵ガイド」に参加した児童に対する対面式のヒアリング調査である。ガイド実施日の翌日に実施した「振り返り授業」の際に、質問紙を手にした大学生が手分けして聞き取るかたちで半構造化インタビューをおこなった（n = 28）。

調査2は、アクションの影響の長期的な残存具合を確かめるために、2016年度の「第1回こども梧陵ガイド」に参加した卒業生のうち、地元の耐久中学校に進学した生徒たち――調査時の学年は中学3年生――に対面式のヒアリング調査を実施した（n = 19）。3〜4名ずつ中学校の控室に集まってもらい、グループインタビューの形式でおこなった。調査実施期間は、2019年11月下旬である。以下、順に結果を概説しよう。

表3-3　6年生児童に対するヒアリング項目リスト

①	濱口梧陵の尊敬度	選択式
②	稲むらの火の館の自慢度	選択式
③	こども梧陵ガイドの実施前の認知度	選択式と自由回答式
④	こども梧陵ガイドのクイズ作成は楽しかったか	選択式
⑤	こども梧陵ガイドのクイズ作成は勉強になったか	選択式
⑥	お気に入りのクイズ	自由回答式
⑦	こども梧陵ガイドは楽しかったか	選択式
⑧	こども梧陵ガイドは勉強になったか	選択式
⑨	またこども梧陵ガイドに参加したいか	選択式と自由回答式
⑩	こども梧陵ガイドのことをだれかに伝えたか	選択式と自由回答式
⑪	こども梧陵ガイド前後の防災への関心度の変化	選択式
⑫	今後の防災学習意欲	選択式と自由回答式
⑬	大学生になったら防災活動をしてみたいか	選択式と自由回答式
⑭	次世代の梧陵さんになれるか	選択式と自由回答式
⑮	感想・来年度へのアドバイス	自由回答式

　まず、「第4回こども梧陵ガイド」のプロジェクトに参加した児童を対象として、表3-3で示したとおり、全部で15の質問を大学生がおこない、聞き書きをするかたちでヒアリング・データを採取した。

　濱口梧陵を尊敬しているかを尋ねた設問1では、「とても尊敬している」13名、「まあまあ尊敬している」15名で、全員がリスペクトしていることを言明していた。この点は、小学校時代に一貫して“梧陵さん”に親しんできたことを如実に表している。一方で、設問2のとおり、「稲むらの火の館」は自慢の施設なのかを尋ねると、「とてもそう思う」17名、「まあまあそう思う」8名に対して、3名は「あまりそう思わない」と回答していた。

　「こども梧陵ガイド」を自分自身が担う前から——すなわち、2018年度末の時点で——このプロジェクトに参加することを自覚していたかを尋ねたところ（設問3）、「はい」と回答した児童は、わずかに8名のみであった。複数年度にわたって継続してきた取り組みであるにもかかわらず、毎年、ガイド実施者が6年生に限定されていたことから、校内の他学年における認知度は残念ながら

低かったことがわかった。この課題は、2019 年度以降、2 つの広報媒体を制作して配布しているため解消されていくものと思われる（再び、**図 3-3** を参照）。

　設問の 4 と 5 は、ガイドの前準備にあたるクイズの作成作業が「楽しかったか」、そして「勉強になったか」を尋ねている。設問 4 の結果は、「とても楽しかった」19 名、「まあまあ楽しかった」8 名、「無回答（どちらともいえない）」が 1 名であった。設問 5 の結果は、「とても勉強になった」16 名、「まあまあ勉強になった」11 名で、「無回答（どちらともいえない）」が 1 名であった。

　一方、実際に来館者を前にしてガイドをしたことに関して尋ねた設問 7 と 8 では、実施経験者 22 名のうち、「とても楽しかった」18 名、「まあまあ楽しかった」4 名（**図 3-4**）、「とても勉強になった」11 名、「まあまあ勉強になった」11 名という結果となった。

　「あらためて機会があればこども梧陵ガイドに参加したいか」を尋ねたところ（設問 9）、「はい」は 27 名、「いいえ」は 1 名であった（**図 3-5**）。「はい」の理由で多かったものとしては、「梧陵さんのことをもっと多くの人に知ってほしいから」、「勉強になったから」、「いろんな人と交流できるから」などがあった。「大学生と会えるから」という回答も複数見られ、「○○さんにまた会いたいから」と仲良くなった特定の大学生の名前をあげる児童もいた。「いいえ」と回答した児童は、その理由として「人がいっぱい来そうだから」との回答を

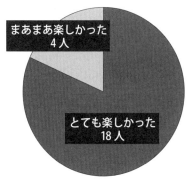

図 3-4　ガイドは楽しかったか
（n = 22）

図 3-5　ガイドにまた参加したいか
（n = 28）

寄せていた。知らない人の前でガイドをすることが心理的な負担に感じる児童がいたことには留意しておかなければならない。

　設問10は、当該プロジェクトの波及効果を確かめる設問である。「こども梧陵ガイドのことをだれかに伝えたか」を尋ねたところ、「はい」と回答した児童は13名となり、「いいえ」と回答した児童は14名、無回答が1名となった。「はい」と回答した児童に、「だれに」伝えたのか確認したところ、親や兄弟などの家族をあげる児童がほとんどを占めた。実際に、「家族が見学に来てくれてうれしかった」と述べる児童もいた。

　設問11と12で、防災意識の変化、今後のまなびの意欲を尋ねている。まず「こども梧陵ガイドをする前と後で防災に対する関心度は変化したか」を尋ねたところ、「とても高まった」と回答した児童は10名、「まあまあ高まった」は13名となった。また「あまり変わっていない」と回答した児童は3名、「変わっていない」は1名、無回答が1名となった。ところで、筆者らは取り組みの実施前に、児童たちがどの程度の関心度だったのか、ベースラインとなるデータを取得できていない。そのため、たとえば「変わっていない」の回答が、高い関心を持ったままキープされていて変化がないのか、ずっと関心が高まらないままでいたのか、このヒアリングの結果だけで判断することはできない。そこで設問12、「中学生になっても防災を勉強したいか」との問いによって今後の防災学習意欲を尋ねた結果も確かめてみると、「はい」と回答した児童は24名、「いいえ」と回答した児童は4名となった。この「いいえ」と回答した4名からは、率直な意見を聞き出すことができている。「防災について、だいたいのことはもうわかったから」という声が多かった。6年間継続して取り組んできたことによって「もう飽きた」、「満足した」という感覚を持っている児童が3名いることがわかった。残る1名は「（もともと）関心が持てない」という回答で、終始、防災というテーマを好きになれなかったことが判明した。このような課題が見つかったことに関しては、それを即座に"失敗"であると意味づけるよりも、これからのかかわりのなかで状況を好転させる機会をうかがうことが重要であろう。

　さらに、もっと長期的な展望を持って防災に取り組んでみたいと思うか、その心持ちを確認するために、「大学生になったら、こども梧陵ガイドのような

防災活動をしたいか」を尋ねてみた（設問13）。その結果は、「はい」と回答した児童は23名、「いいえ」と回答した児童は5名となった。「はい」の理由を大別すると3グループあり、1つ目は「自分がもっと（津波など防災の）知識を得たいから」、2つ目は、「濱口梧陵や広川町のことをもっと広く伝えたいから」、そして3つ目は「今回交流した大学生のように自分もなりたいから」であった。

　なお、設問14では、「あなたは次世代の梧陵さんになれると思うか」を尋ねている。突拍子もないことを尋ねられたと感じた児童もいたようで、教室内では回答に苦慮する姿があちこちで見受けられた。最終的な結果は、「はい」と回答した児童は12名、「いいえ」は16名であった。郷土の偉人は、人生のロールモデルとしてはレベルが高すぎたようで、「それは無理」、「まねできない」、「梧陵さんはすごすぎる」という素直な回答が過半数を占める結果となった。

（4）　効果の残存具合

　「こども梧陵ガイド」という小学校時代における最終学年時の取り組みのインパクトが、その後どの程度まで長期的に保持されるものなのか、防災教育活動による影響の残存具合を測定するために、広小学校で2016年度に「第1回こども梧陵ガイド」に参加した、現在（2019年度調査時）の耐久中学校の3年生19名に聞き取り調査をおこなった。設問は、**表3-4** に示すとおり、全7問である。その結果を以下に述べる。

表3-4　卒業生（耐久中学校3年生）に対するヒアリング項目リスト

①	こども梧陵ガイドの取り組みを覚えているか	選択式と自由回答式
②	現在の防災への関心度	選択式と自由回答式
③	中学校に入ってから稲むらの火の館を訪れたか	自由回答式
④	2018年度のこども梧陵ガイドを知っているか	自由回答式
⑤	広川町のために何かしたいと思うか	自由回答式
⑥	中学校に入ってから防災イベントに参加したか	自由回答式
⑦	高校に入っても防災についてまなびたいか	自由回答式

まず、「こども梧陵ガイド」に参加した体験を覚えているかを確かめた（設問1）。「よく覚えている」と回答した卒業生は1名のみで、「まあまあ覚えている」と回答した卒業生は13名となった。また、「覚えていない」と回答した卒業生は5名いた。「覚えている内容」を自由に語ってもらったところ、「（一緒に活動した）大学生の名前」や「クイズの内容・答え」、「参加賞を（来館者に）渡したこと」など、意外に細かいことを記憶していることがわかった。また、「覚えていない」と回答した5名とも、まったく何も覚えていないわけではなく、「大学生」のことや「クイズ」のことなど、大ぐくりな内容は覚えており、最終学年として取り組んだひとつの「思い出」として記憶に留めていることは確かめられた。

　続いて、現在の防災への関心度について、最大5点として自己採点のスコアを述べてもらったところ、3.5点以上をつけた卒業生は6名、3点以下をつけた卒業生は13名となった。3.5点以上をつけた理由やコメントとしては、「死にたくないから」、「梧陵さんについて学んだから意識していきたい」、「またぜったい津波が来るから知識を高めたい」などがあげられた。なかには5点満点をつけた卒業生もいて、近年発生した災害について自主的に調べるなど、防災学習に意欲的に取り組んでいることがわかった。一方、3点以下の卒業生の回答理由を聞き取ったところ、「防災に関心はあるのだが行動に移していないから」、「避難経路は知っているが実際に行動できるかわからないから」などの声が寄せられた。そして、設問3や設問6との兼ね合いから、「現在、自分は何も取り組めていない」ことを反省して、厳しく自己採点した数値であることもわかった。

　設問3は「中学校に入ってから稲むらの火の館を訪れたか」、設問6は「中学校に入ってから防災イベントに参加したか」を尋ねている。それぞれの回答結果を見てみると、設問3は、全員が「はい」であった。これは、学校行事の宿泊研修で訪れたからであり、逆に「この行事がなければ足を運ぶ機会はなかった」という生徒がほとんどを占めていたこともわかった。設問6も同様の傾向があり、全員が「はい」の回答ではあったが、これは「稲むらの火祭り」と「津浪祭」という、中学生として参加が公式に要請されているイベントの存在が作用していた。稲むらの火祭りでは、中学1年生のみが参加して避難経路

となる道を、松明を持ちながら広八幡神社まで練り歩く。津浪祭では、中学3年生が参加して広村堤防に土を盛り、太鼓部のメンバーが演奏を披露する。これらの機会を除くと、「個人的に防災イベントに参加した」という卒業生はひとりもいなかった。

　設問7と設問5は、長期的な展望・意欲を尋ねている。設問7「高校生になっても防災についてまなびたいか」という問いに対して「まなびたいと思う」と回答した卒業生は16名、「まなびたいと思わない」は3名となった。「まなびたいと思う」と回答した卒業生は、その理由として「防災はまなび続けるべきものだから」、「広村堤防を越える津波がくるかもしれないからそれの対策をしたい」、「高校周辺の避難場所などを確認したい」などをあげていた。設問5「広川町のために何かしたいと思うか」という問いに対して「思う」と回答した卒業生は12名、「少し思う」が3名となった。また「思わない」と回答した卒業生は4名いた。約7割の卒業生は町のために力を尽くしたいとの思いをいだいていた。具体的な内容としては、「梧陵さんのことをもっと広めたい」、「火祭りや津浪祭のことをもっと知ってほしい」などのほか、「ゴミ拾いをしてきれいな町にしたい」などの意見があった。

　ところで、現在の防災関心度が高い生徒ほど、町に対する愛着が相対的に強い可能性がある。そこで、防災関心度の自己採点が高かった生徒の設問5の回答結果を抽出してみると、「すごい町なのに人口が減っていくから人口を増やすための町おこしをしたい」（防災関心度が5点満点の生徒の発言）、「梧陵さんのことを世界中に広めたい」（防災関心度が4点の生徒の発言）、「稲むらの火祭りと津浪祭をSNSで広めて多くの人に知ってもらいたい」（防災関心度が4点の生徒の発言）と、具体的なビジョンを持っていたことがわかった。

　一方、防災関心度が低い生徒からは残念ながら設問5に対する具体的な回答が少なかった。このこともふまえると、防災関心度と町に対する愛着度は、一定程度の相関があるものと推察される。もちろん、サンプル数も限られており、この点に関して因果関係を推定することまでは困難である。効果を媒介する隠れた変数がある可能性も否定できない。このような論点も併せて、今回得られた結果をもとに、次項で、さらなる発展に向けた検討を加えておこう。

（5） 四次元のまなび合いに向けて

　前項までに、4年度にわたる持続的なアクションをふまえて、2019年度のインパクトと、2016年度からの効果の残存具合とを、2つの調査によって明らかにしてきた。その結果、小学6年生の児童たちの多くはまなびの意欲が喚起されており、防災に対する関心も高まっていた。また、たとえ児童本人が防災というテーマに飽き始めていたとしても、大学生との出会いと交流をたっぷり楽しみ、「また大学生と会いたい」、「大学生のようになりたい」という思いを強くして、最終的には、防災学習を協働しておこなった経験をポジティブな"思い出"として記憶に留めていた。

　このような「大学生から児童へ」という影響の方向性に対しては、逆向きの作用、すなわち「児童から大学生へ」というインパクトがあったことも確認されている。大学生たちは潑剌とした児童たちに出会えたからこそ、このプロジェクトをしっかり成し遂げようとの思いを強めていったものと思われる。別々の大学のゼミ生同士が都合を合わせて自主的にミーティングを開きプロジェクトを進めていくことは、実際には、きわめて煩瑣な作業の連続であった。しかしそれでも、コミュケーションを密にして、試行錯誤を繰り返しながら取り組みを進めていった。児童の発案によるエピソードクイズの事実関係をひとつひとつ丹念に調べていくなど、大学生自身がまなび直し、新たな知識を得る機会もたくさんあったようである。濱口梧陵が人生で何度も名前を変えていること、広川町には児童が名前を付けた津波避難施設（まもるくん）があることなど、児童から大学生が教えてもらう場面も散見された。こうして、大学生と児童の"まなび合い"が具現化したことを筆者も目の当たりにすることができた。それは、筆者にとっても、驚きや発見の連続であった。

　そして大学生たちもやはり、この経験をポジティブな"思い出"として述懐している。「こども梧陵ガイド」実施後の振り返り授業では、「かえって僕たちのほうがまなばせてもらいました」（ある大学生の謝辞）という趣旨のお別れの言葉が数多く聞かれた。

　ところで、こうしたプロジェクトの事業評価をおこなう際には、（特に研究者側は）主たるアクターの働きかけの効果（だけ）に注視しがちである。しかし実際には、関与した主体の多くは何らかのかたちでまなぶ機会を得ていたはず

だ。そのことをトータルに見通すためには、「360度の学び合い」の視座を確保することが求められる。これは、あるひとつの主体は、実践共同体の内部において、多様な主体に囲まれながら相互に（陰に陽に、意識的にも無意識的にも）影響を及ぼし合っていることを対自化しておこうとするコンセプトである。

　たとえば、「こども梧陵ガイド」を担った児童たちは、ガイドを実施したときに、目の前に立つ来館者との間で、ごく一部ではあるかもしれないが、"まなび合い"のインタラクションを引き起こしていた。児童たちは、町外から来た来館者から、「きみたちのすばらしい取り組みに刺激を得ました」という激励のメッセージをもらって感激したり、町内から視察に来た大人たちによって広川町や濱口梧陵の詳しい歴史を教示していただいたりする機会を持つことができた。

　児童と保護者の"まなび合い"に関しては、今回の調査では、確たるデータを得ることはできなかったが、一部の児童の保護者は、休日にもかかわらずガイド本番の晴れ舞台を見届けに足を運んでくださり、児童たちに励ましの声をかけてくださった。このことをふまえると、もっと十全に家庭に働きかけをしておけば、児童と保護者のインタラクションを生み出せる余地があったものと考えることができる。同様に、町民のゆるやかな参加を促す仕組みをつくることによって、地域の大人たちがまなぶ機会に発展させることものぞめるかもしれない。

　現に、地元で「歴史語り部」をしているメンバーが今回の「こども梧陵ガイド」プロジェクトを見学してくださる場面があり、大人の「語り部」と子どもの「ガイド」の"まなび合い"が、今後さらに創発されていくポテンシャルがあることが確かめられている。「語り部」の深い知識を子どもたちが共有させていただきながら、子どもたちなりのフレッシュなアクションが逆に大人の語り部たちにポジティブな影響を与えるような好循環が生まれることを期待したい。

　「こども梧陵ガイド」を2016年度に経験して広小学校を卒業した中学生たちにヒアリングした結果、残念ながら中学時代に「個人的に防災イベントに参加した」生徒はひとりもいないことが判明した。しかし同時に、過半数の生徒が、高校に進学してからも防災をまなびたいとの意欲を持っており、機会さえあれば防災のアクションに参加したいと思っていることもわかった。実は、広小学校の卒業生のなかには「こども梧陵ガイド」の奮闘ぶりをひとめ見るため

に、わざわざ「稲むらの火の館」に足を運んでくれた生徒がいた。"まなび合い"の関係性を大学生と児童の間に限定して捉えていたことから、主催者（筆者）側はこうした"思ってもみない他者"の存在に注視することができずにいた。しかし今後は、卒業生が現役生に助言を与えるような"まなび合い"の創発にも照準を広げて、アクションが自律的に発展していくダイナミズムを生み出せるとよいだろう。

　そしてもちろん、「360度の学び合い」をさらに理想形へと近づけるならば、子どもを中心に描いた関係図をドラスティックに描き直してみることも想定されてよい。大学生と町民、卒業生と小学校教員、大学生同士など、もっと多様な"まなび合い"の関係性が織り成されるなかで、防災力向上を（も）図っていくプロジェクト／ムーブメントに発展するとよいだろう。そこには"思ってもみない他者"や"これまでになかった結びつき"といった未知なる関係性（Something X）があることを、あらかじめ想定しておくとよい。

　ところで、より多くの人を包摂すること、その回路を増やすためにオープン・マインドで構えることの重要性を確認することが、本章の目的であった。そこでさらに、「四次元のまなび合い」のコンセプトに照らして、ここで時間軸の観点を加えていこう。まず児童たちは、郷土の偉人の生き様（過去）をまなび、それを真似する——真似ぶ（まねぶ）——ことで自分たちの未来を構想しようとした。しかしそれは、あまりにもハードルが高すぎるようでもあった。そこで、大学生の姿を通して、"自分も、数年後には、あのような若者になりたい"という夢や希望をいだくようになった。未来を掌中におさめ、いくばくかではあるが、イメージを具体化することができたのだ。同じようにして大学生も、歴史上の人物の足跡を知り、その人物を"梧陵さん"と呼ぶほどに——おそらく歴史の授業では経験したことがなかったほど偉人の人間像を具体的にイメージして——身近に感じるようになり、その生き様と自分の将来とをオーバーラップしてみる機会を得ることができた。このようにして、過去や未来のいのちを、"いま"というときに宿す回路が多様な関係性のなかで育まれている状態が、「四次元のまなび合い」の典型である。繰り返せば、ワンウェイの知識伝達型の（防災）教育においては、抽象化されたコンテンツの移転はあったとしても、いのちの交歓によるエンパワメントは生じえない。この閉塞

や限界から、われわれは早く脱却していかなければならないだろう。

　防災教育を虚心坦懐に検討することの意義と真価は、教育自体の根本を改革
する道を拓くことにある。

2　国際理解教育とのリンク

　まずは、グラフをご覧いただきたい。2017年度、神戸市長田区真陽小学校
の高学年児童（5年生・6年生）を対象にアンケートした結果である（図3-6）。
設問は、「あなたは、津波がせまってきたとき、避難の手助けをすることがで
きますか？」である。このとき、要支援の対象者としてあげたカテゴリーは、
幼い子ども、障害者、けがをした人、外国人である。

　幼い子ども、障害者、そしてけがをした人に対しては、過半数の児童が、「一
緒に逃げる」と回答している。一方で、外国人に対しては、その数は4割程度
に留まり、「無理」とする回答は22.7％に及んでいた。どうやら外国人の方々
の存在は、子どもたちからしてみれば、心理的な距離が遠いようである。

　すでに2014年度から「校内防災放送プロジェクト」（第2章を参照）を持続
的に実施していたことから、筆者らは、このような国際理解教育の課題にも向

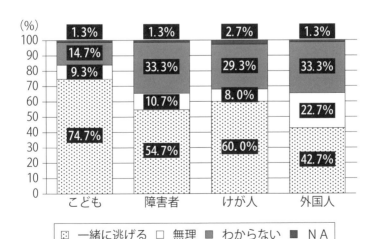

図 3-6　津波避難の手助けができるか（真陽小学校・2017年度：n＝75）

き合っていける（いかなければならない）のではないかと考えた。防災教育と国際理解教育を架橋するチャレンジは、この調査データをきっかけにスタートすることになった。

（1）　ホアマイの教訓

　真陽小学校区には、中国や韓国、ベトナムやミャンマーなど、アジアにルーツがある人たちが数多く暮らしている。特に近年、ベトナム籍のファミリーが増えていて、小学校にも、両親、ないしは片親がベトナム籍である児童が数多く在席している。

　多くの子どもたちは、日本語を使うことにはあまり不自由していない。どちらかといえば、ルーツがある国の言葉を、親の世代のように自在に操ることができないでいる。そこで小学校では、ベトナム語を鍛錬する母語教室を、毎週のように開催していた。ベトナムの花の名前から、「ホアマイ教室」と呼ばれている（**写真3-11**）。

　ところで、真陽小学校では、すでに2016年度の途中（2017年1月）から、毎月、防災版の学校だより「ぼうさいタイムズ」を、大学生が手作りして全校児童に配布する取り組みが展開していた。校内防災放送のまなびを児童が復習する機会を与え、それを家庭にも届けるためである。A3版、片面で、カラー印刷している（**図3-7**）。たとえば、「ぼうさいタイムズ」第4号では、紙面の

写真3-11　ホアマイ教室の様子（旧正月のお祝いの準備）

左側では、校内防災放送プロジェクトの趣旨や近藤研究室のプロフィールを簡単に紹介し、紙面の右側では、**第2章第3節**で紹介した防災倉庫の「ぼーくん」の壁がきれいにペインティングされたことを児童に知らせるニュースなどが掲載されている。

「ぼうさいタイムズ」は、保護者にも好評で、すでに取り組みは定着している。本書執筆時（2022年春）には、第65号まで発刊が続いている。このローカルなメディアを活用して、先述した、国際理解教育の難題に挑戦してみることになった。「ぼうさいタイムズ」の紙面に、2018年4月から「ホアマイ教室便り」という多言語コーナー（ベトナム語、韓国語、英語の3カ国語が中心）を設け、大学生が執筆することにしたのだ（**図3-8**）。ご覧のように、身近さを表現するために、このコーナーは敢えて手描きで作成されている。

この「ホアマイ教室便り」の実践をアクションリサーチの身構えで取り組んでいくために、児童や保護者の反響を断続的に調査している。ここでは、①高学年児童対象の質問紙調査（2018年5月実施：n＝78, 2018年11月実施：n＝76）、②ホアマイ教室の児童のヒアリング（2018年12月実施：n＝6）と放送委員児童のヒアリング（2018年12月実施：n＝12）、③保護者対象の質問紙調査（2018年12月実施：n＝59）、以上、大きく3種類の調査結果の大略を紹介する。

まず、①の調査において、「ぼうさいタイムズ」の紙面全体の中で「覚えている内容」を自由記述形式で尋ねたところ（このデータは2018年11月実施調査のみ）、「ホアマイ教室便り」（ベトナム語）が1位であることがわかった。やはり、コーナーに散りばめた手描きのイラストなどが、多くの児童のこころを捉えていたことがわかった。

ところで、「もし津波避難しているときに外国人が困っていたら一緒に逃げてあげますか」とあらためて尋ねた設問の回答結果を見てみると、2018年5月と11月で、「一緒に逃げる」と回答した児童の割合が64％から51％と、13ポイントも減っていた。すくなくともスコアが微増するなど、ポジティブな兆候が表れるものと予想していたのに、これは一体、どうしたことだろうか。

そこで、ホアマイ教室の児童や放送委員児童にヒアリングしたところ（調査②）、端的に言って、「ホアマイ教室便り」の内容は「難しすぎる！」という感想が寄せられた。さらに、ホアマイ教室の児童のなかには、母語教育を気恥ず

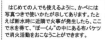

図3-7 「ぼうさいタイムズ」（第4号）

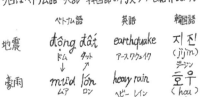

図3-8 「ぼうさいタイムズ」（第19号）に掲載された「ホアマイ教室便り」（抜粋）

かしく感じている児童もいて、「ホアマイ教室便り」などの取り組みは「殊更実施する必要はない」という意見もあった。ただし、「災害が起きたとき、日本語の案内表示しかなかったら親御さんのことが心配なのでは？」と尋ねたところ、ホアマイ教室に集う児童のほぼ全員が不安を抱えていることがわかった。

　また、調査③によれば、「ぼうさいタイムズ」の保護者の閲読率は88%と、ほとんどのかたが目を通してくれていることがわかった。また、「ホアマイ教室便り」の取り組みは役に立つと思うか尋ねた設問では、全体の53%の保護者が「役に立つ」と回答していた。

　ところで、「小学校での国際理解教育が十分だと思うか」尋ねた設問では、「充実している」との回答は半数を割り込んでいた。今後も「ホアマイ教室便り」のような取り組みを続けていくべきか尋ねた設問では、全体の75%が「そう思う」と回答していた。そして自由記述欄のなかには、「ヨーロッパの言葉も入れられてはどうですか」といったアイデアが記されていた。

　プロジェクトメンバーの間で、すぐに上述した"躓き"の実態を共有した。まず、多くの児童たちは、「ホアマイ教室便り」のことを認識してくれていたにもかかわらず、津波避難の際には外国人の支援はできないだろうと、うしろ向きな思いを強めてしまっていた。同様に、ホアマイ教室の児童も放送委員児童も、「ホアマイ教室便り」は難し過ぎるというネガティブな印象を持っていた。どうやら、われわれが「多言語」であることにこだわり過ぎるあまり、まずもって外国の言葉を理解しないかぎり、外国人支援も防災もできないようなミスリードを引き起こしていた可能性が考えられる。

　保護者の期待感が強いことをふまえると、取り組みは継続するにしても、今後は、まずは異文化にふれることの楽しさに満ちた情報（たとえば、**写真3-11**に示したような催しの紹介など）を発信するなかで、次にようやく防災のことも織り込んでいくような、異文化理解の向上を主軸に据えたアプローチを探索する必要があるのではないだろうか。こうして、初年度の取り組みの"失敗"から、われわれは大事な教訓をまなばせてもらった。

（2）「ダイバーちゃん」と「ぼうさいぶらり旅」

　大学生は、原則、毎年度末には4年次生が卒業していくので、1年ごとにメ

ンバーの半数くらいが入れ替わっていく。そして、放送委員会の児童も——こちらは、2年連続で同じ委員会に所属しないことが推奨されているので、ほぼ全員——入れ替わっていく。メンバーが替わることは、取り組みを継承していくうえでは、ひとつの試練でもあるが、一方で、新しいアイデアを呼び込む好機にもなる。

ゼミ生のニューフェイスのなかに、新たに在日コリアンの学生Aさんが入ってきた。Aさんは、「ダイバーシティ＆インクルージョン」（Diversity & Inclusion）の理念に立ち戻るアプローチを模索してくれた。「包摂」の前に、まず「多様性」がある。ここから再スタートを切ろうと。しかし、あまり国際理解教育のフレームにこだわり過ぎると、実践が痩せ細ってしまう。そこで、「ダイバーちゃん」というキャラクターをつくって、「ぼうさいタイムズ」紙上で、ダイバーちゃんと世界をめぐるシリーズのコラム、「真陽ダイバーシティ」を設けることになった。もちろん、防災のテイストは、残してある。抜粋した記事を参照いただきたい（図3-9、図3-10、図3-11）。

図 3-9 「ぼうさいタイムズ」（第 28 号）の「真陽ダイバーシティ」

こんにちは！ ダイバーちゃんです！ みんなは
大型連休はどうしてた？ お休みが続くとやる気が出
ないこともあるよね(T-T) 一緒にくぅ～っとがんば
ろうね♪ さて今月は、韓国★ みんな知ってる？
去年韓国ではあまりの暑さに「暴熱警報」が発令され
たんだ。暑すぎるから外に出ちゃダメっていうこと。
すごいね！ これから暑くなるけど、みんな、
熱中症にならないように気をつけようね！

読んでくれてありがとう！
감사합니다！（かむさはむにだ）

図3-10 「ぼうさいタイムズ」（第29号）の「真陽ダイバーシティ」

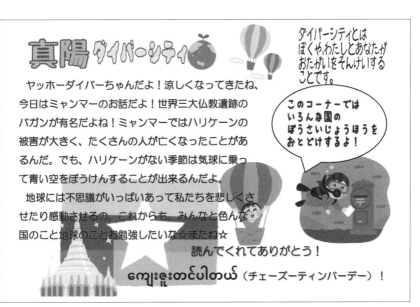

ヤッホーダイバーちゃんだよ！涼しくなってきたね、
今日はミャンマーのお話だよ！世界三大仏教遺跡の
パガンが有名だよね！ミャンマーではハリケーンの
被害が大きく、たくさんの人が亡くなったことがあ
るんだ。でも、ハリケーンがない季節は気球に乗っ
て青い空をぼうけんすることが出来るんだよ。
地球には不思議がいっぱいあって私たちを悲しくさ
せたり感動させるの。これからも、みんなと色んな
国のこと地球のことお勉強したいな☆またね☆
読んでくれてありがとう！
ကျေးဇူးတင်ပါတယ်（チェーズーティンバーデー）！

図3-11 「ぼうさいタイムズ」（第33号）の「真陽ダイバーシティ」

防災プロジェクト 10/21 第13回 (通算156回)

♪テーマ曲

児童A 続いて、防災プロジェクトのコーナーです。今回は、「3人娘が行く！日本全国・ぼうさいぶらり旅」をお送りします。はたして、どんな旅になるでしょうか。どうぞ、お楽しみに！

♪テーマ曲・しぼる

児童A みなさん、こんにちは。私たち3人は、旅が大好き。ここにある「どこでもドア」を使って旅をします。さて今回は、どこにいこうか？

児童C 実はね、さっきバナちゃんに会ってんけど、バナちゃんがもうすでに「どこでもドア」の行き先をセットしてくれてん。けど、どこにつながっているかは、秘密なんやって。

児童B えー！　秘密なの？　なんか怖いな…。でも、私たちがそろえばどこへ行っても大丈夫よね。力を合わせて頑張ろう。じゃあドアを開けるよ、せーの！！

児童C …はい、到着〜！　なんかこの辺、外国人がたくさんいるなあ。ん？あそこに見える大きい銅像、ひょっとして「自由の女神」やない？

児童B じ、「自由の女神」っていったら、アメリカだよ。じゃあ、「どこでもドア」は、アメリカにつながってたんだ…。わたし、初めて「自由の女神」見たけど、あのおばさん、手になんか持ってない？

児童A おばさんじゃないよ！　あれは「女神様」だよ。頭にかぶっているのは冠で、右手に持ってるのは「トーチ」っていう、暗闇を照らすものなの。冠から突き出ている7つの突起は、世界の7つの大陸と7つの海に自由が広がることを願って作られたんだって。

児童C へ〜〜。冠のとげとげに、自由の意味があったなんて初耳やわ。高さは、33メートルあまりだそうだから、新長田駅の鉄人28号の2倍くらいあるんだね。でかっ！　…あ、そういえばバナちゃんから応援メッセージもらってたんや。読んでみるね？　「今回は、最初に防災クイズに挑戦してもらいます。」やって。

児童B　応援メッセージじゃなくて、ただの説明だよね。でも、早くクイズに正解したら、たっぷりアメリカ観光できるってことかな。よし、じゃあ早速、クイズをやってみよう！

> （問題）日本でいう「台風」は、アメリカでは何と呼ばれているでしょうか？
> 　1．ハザードン
> 　2．ハリケーン
> 　3．カゼスゴーイ

【注：問題文を繰り返しましょう】

児童A　うーん、どれだろう。そういえば、この前、関西大学の大学生に教えてもらったんだけど、「ハザード」は、被害を生み出すものっていう意味らしいよ。

図3-12　校内防災放送2019年度シリーズ「ぼうさいぶらり旅・アメリカ編」
（前半のみ抜粋）

　さて、実践の現場では、"思ってもみない"出来事に、次々と遭遇するものである。大学生の発案からふくらんできた、国際理解教育と防災教育を架橋する挑戦に対して、放送委員児童の中からも呼応する動きが出てきたのだ。

　ある児童から、そもそも紙媒体に落とし込んでいるアプローチ自体が、難しさのイメージを助長させているのではないかという、根底的な疑問がぶつけられた。そして、ごくシンプルに、「校内防災放送」のシリーズで原稿化すればよいのではないかと提案してくれて、すぐに放送に漕ぎつけることができた。その原稿の抜粋を紹介しよう（**図3-12**）。

　原稿の冒頭の挨拶パートを見るとわかるように、もともとは、「日本全国・ぼうさいぶらり旅」となっていて、大阪府と愛知県を順番に旅していた。そのあとで、シリーズとして世界に飛び出し、アメリカ、イタリア、ブラジルをめぐって、さいごに日本に戻って、福島県を紹介している。そしてこのように世

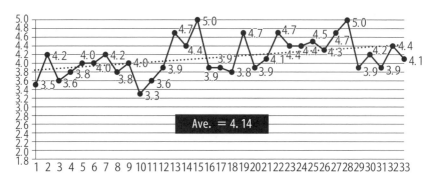

図3-13 「おもしろかったですか」（5〜6年生、n = 76） 2019年度

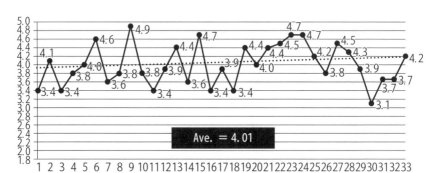

図3-14 「勉強になりましたか」（5〜6年生、n = 76） 2019年度

界に目を向ける演出は、断続的に、無理せずセットされるようになっていった。たとえば2021年度には、「真陽防災チャンネル・ダーツの旅」という放送シリーズが生まれ、宮城県や広島県など、被災経験のある場所を紹介しながら、そのなかであらためて世界の災害・防災を紹介する内容が織り込まれていった。

　それでは、2019年度の端緒のころに話を戻して、教室で放送を聴いていた児童たちが、世界に飛び出した内容をどのように受け止めたのか、挙手アンケート（第2章第3節を参照）の結果を見ておこう。なお、**図3-13**は、**図2-11**の再掲、**図3-14**は、**図2-12**の再掲であるが、ここではグラフの傾き（マンネリズムの兆候）ではなくて、「ぼうさいぶらり旅」シリーズの評価を全体のなかで確認しようとしている。

　「ぼうさいぶらり旅」の放送回は、2019年度の第4回（大阪府）、第8回（愛知県）、第13回（アメリカ）、第18回（イタリア）、第24回（ブラジル）、第33回（福島県）である。これら5回の結果を見ると、「おもしろかった」の指標では、アメリカとブラジルの回だけが通年シリーズのアベレージ・スコアを超えていた。また、「勉強になった」の指標では、アメリカとブラジル、そして福島県の回がアベレージ・スコアを超えていた。

　このように身近なメディアを通して、児童の視野（世界に対する目）を広げていくことには、一定のアドバンテージがあったのではないかと推察される。このようなチャレンジは、もっと試されてもよいのではないだろうか。災害リスクは、世界共通の話題である。だからこそ、国際理解教育と防災教育を架橋することには理があると言えるし、両者のアプローチをより強化することにつながるポテンシャルがあると言えるだろう。

　ただし、イタリアの回は、相対的にスコアが低かった。これは、ピッツァの話とピサの斜塔の話が"だじゃれ"にしか聞こえなかったこと、ならびに、避難所の仮設トイレの話題を後半で伝えていたことが——放送は給食時におこなわれる！——ネガティブに作用していたものと考えられる。第2章でも披瀝したとおり、長らく共同で取り組んできた子どもたちの評価は、かくも厳しく、忖度など微塵もないものなのである。

3　食物アレルギー教育とのリンク

　本章では、インクルージョンとオープンネスの観点から展開した、防災教育実践のアクションリサーチを紹介している。ところで、インクルージョンという観点は、きわめて一方的な、"上から目線"のかかわりを生み出す危険を常に孕んでいる。すなわち、「包み込んであげる」というワンウェイのアクションである。

　こうした陥穽に嵌まることを回避するためには、自らを律すること、自らのふるまいを虚心坦懐にモニターすることが求められるし、もうひとつのアプローチとしては、「包み込み合う」という弁証法的なかかわりを創発することも考えられる。もし、あなたがわたしだったら、どうするだろうか。わたしが

あなただったら、どうしたいだろうか。それぞれのポジショナリティには、「互換可能性」があることに配視するのだ。

（1）"たまちゃん"の挑戦

　近藤ゼミのメンバーに、重度の「食物アレルギー」がある学生がいた。サバ、蟹、えび、蕎麦、カシューナッツなど、子どものころから多くの食べ物を口にすることができずにいた。これは単なる"わがまま"とか"好き嫌い"とかの問題ではなくて、アレルゲンを摂取してしまうことが命にかかわる——アナフィラキシーショックを引き起こし、最悪の場合は、死に至る——重大事である。しかしそのことを、なかなか周りに理解してもらえず、悔しい思いをしてきたのだという。大学に入ってからも、キャンパスの近くのカレー専門店で昼食をとっていたところ、カレーライスのなかにカシューナッツが隠し味として使用されていたことに気付かずに口に入れてしまい、ショック症状に陥り、最終的に救急車で搬送された経験がある。

　この学生は、災害時ともなれば、多くの食物アレルギー有病者が苦境におちいるにちがいないと考えた。避難所に行った際に、せっかく作ってくれた炊き出しのごはんを「わたし、アレルギーがあるんで遠慮しておきます」と言って断ることなどできようか。そこで、卒業論文（2021年度）のテーマを、「食物アレルギー教育」とすることになった。本節は、その成果の一端を筆者（指導教官）が再構成したものである。

　なお本節では、実践主体の切実な思いがアクションを強く駆動していることから、匿名で記すのではなくて、本人の了解を得たうえで、ニックネームで書き進めていきたい。彼女は、ゼミ内では、"たまちゃん"と呼ばれていた。

　たまちゃんのリサーチ・クエスチョンは、「食物アレルギー教育を、身近なメディアを通して実施すると、子どもたちにどのような影響を及ぼしうるのか」である。調査協力校は、第2章や、本章の前節でもたっぷり紹介した神戸市の真陽小学校である。したがって、「身近なメディア」とは、すなわち、校内放送と学校だよりのことであった。

　校内放送では、校内防災放送の枠を使って、食物アレルギーに関する特別放送を、たまちゃん本人がライブで出演するかたちで、4週にわたって伝えた。

前半の第1回と第2回では、食物アレルギーの原因物質（アレルゲン）やアナフィラキシーの症状など、基礎的な知識を伝える内容にした。以下に、第2回の台本を全文紹介する（**図 3-15**）。

　そして、続く第3回は、エピペン注射など応急処置の仕方を伝え、最終回の第4回目は振り返りをおこなう構成にした。全校児童が放送を聞くため、「こわい」という印象ばかりを植え付けることがないように、クイズなどを交えてまなべるように心掛けた[7]。そして、普段の校内放送では音声のみで伝えているのであるが、この特別シリーズは、放送室内でパソコンを操作し、教室のモニターで画像が見られるようにして、視覚的な情報も付加することとした。画像の一例を、**図 3-16** に示す。

　放送は、以上の4回で、それぞれ、実施日は、2021年10月28日、11月11日、18日、25日であった。初回と第2回に、すこしブランクがある。実は、11月4日に放送しようとしたのだが、放送機器のトラブルで、送出に失敗するという"事件"が起きた。したがって、前掲した台本のなかで「先週は」となっているセリフがあるが、実際には「先々週は」と読み替えられた。児童にとってみれば——そして、おそらくホンモノのテレビ放送などにおいても——、無事に粛々と放送が出ていることよりも、トラブルに見舞われて"放送が出なかった"騒動のほうが印象に残るものである。このような独立変数の意図せざる"ブレ"は、まじめな研究にとってみれば相当な痛手なのだが、実践にとってみれば、おもしろいハプニングとなる。

　さて、身近なメディアのもうひとつ、学校だより（「ぼうさいタイムズ」）も、紹介しておこう。放送のタイミングに合わせて、2021年10月と11月に発刊した（**図 3-17**、**図 3-18**）。これらもすべて、たまちゃんによるオリジナル作品であり、全校児童に配布した。

（2）　ひとまずの成果

　さて、このようにして、試行錯誤しながらいろいろ取り組んでみたわけだが、はたしてどのようなインパクトを残したのだろうか。すべての取り組みが終了してから5日後に、高学年児童を対象として質問紙調査を実施した（n = 67）。

防災プロジェクト（食物アレルギー）11/4　第2回

今回は映像を使います。（★）のタイミングで映像を操作

　　　♪テーマ曲

弓場　真陽子ども放送局！　お昼の放送の時間です。きょうは、月曜日ではありませんが、「防災プロジェクト」のコーナーをお送りします。先週に引き続き、大学生が生出演する、特別シリーズです。真陽小学校の皆さん、こんにちは！　関西大学4年生の弓場珠希です。ニックネームは、たまちゃんです。覚えてくれていますか？（★）　今週も、「食物アレルギー」についてお話しします。よろしくお願いします。

　　　♪テーマ曲・しぼる

弓場　先週は、「食物アレルギー」とはどんなものなのか、お話ししました。ちょっと難しかったかな？　早速ですが、ひとつだけ復習しておきましょう。「食物アレルギー」を引き起こす原因となる食材のことを何と言ったか覚えていますか？（★）　…そう！　「ア・レ・ル・ゲ・ン」…、「アレルゲン」です。きょうのお話のなかにも「アレルゲン」という言葉が出てくるので、ぜひ覚えてくださいね！（★）

弓場　そして、きょうは「アナフィラキシー」についても、お伝えします。「アナ・フィラ・キシー」です。先週、アレルギー反応を起こすと、口の中や肌が痒くなったり、息がしにくくなったりするってお話ししたよね。（★）「アナフィラキシー」はそれがもっとひどくなった症状のことをいいます。吐き気がしたり、ものすごくお腹が痛くなったりします。息が出来なくなってしまったり、血圧が下がって意識がなくなってしまったりすることもあるんだよね。実は、わたし、たまちゃんも、「アナフィラキシー」を起こしたことがあります。さて、ここでクイズです。（★）

（問題）たまちゃんがアナフィラキシーを起こしたのは、大学の近くのお店

で食べた、ある料理が原因でした。それは何でしょうか。
　　　1番：ナポリタン　　2番：カレーライス　　3番：オムライス

【注：問題文を繰り返しましょう】

弓場　みなさん、答えは決まりましたか？　正解は…、（★）なんと！2番の
　　「カレーライス」です。じつは、わたしはカレーライスを食べて「アナフィ
　　ラキシー」を起こしてしまったんです。（★）そのときは、バターチキンカ
　　レーという種類のカレーを食べていました。バターチキンカレーに入ってい
　　る、ある食材が私にとって「アレルゲン」、つまり、アレルギー反応を引き
　　起こす原因だったのです。さて、またまたここでクイズです。（★）

（問題）バターチキンカレーに入っていた「アレルゲン」、それは、どんな
　　　食材だったのでしょうか？
　　　1番：バター　　2番：タピオカ　　3番：カシューナッツ

【注：問題文を繰り返しましょう】

弓場　みなさん、答えは決まりましたか？　じつは先週の放送で答えを話してい
　　たんだけど、覚えていた人はいるかな？　正解は…、（★）3番のカシュー
　　ナッツです。カシューナッツは、木の実の一種です。バターチキンカレーに
　　は、味をクリーミーにするために、カシューナッツをすりつぶして入れてい
　　ることがあります。だから、ぱっと見ても、カシューナッツが入っているこ
　　とには気がつかずに、なんと完食してしまいました。でも、カレー屋さんを
　　出た後すぐに、吐き気がして、おなかが痛くなって歩けなくなりました。な
　　んとか学校の保健室にたどりついたのですが、気づいたときには救急車に
　　乗っていたんです。そのあとは病院で治療してもらって、すこしずつ体調が
　　よくなっていきました。（★）体調がおかしいなと思った時に、すぐに保健
　　室に行ったこと、保健室の先生が「アナフィラキシー」を起こしていること
　　に気づいて、すぐに救急車を呼んでくれたこと、病院で適切な処置をしてい
　　ただけたこと、そのおかげで命が助かったんだなと思っています。

弓場　さて…、人によっては、わたしが経験したように、とってもしんどいことになってしまう「食物アレルギー」。（★）その原因となる食材が「アレルゲン」で、重たい症状のなまえが「アナフィラキシー」でした。「アレルギー」「アレルゲン」「アナフィラキシー」、なんだか、どれも言葉がちょっと怖いよね。（★）だけど、じつはスペシャルな秘密道具があるんです。それは、アナフィラキシーを起こしてしまったときに打つ、特別な注射です。この注射に入っている薬のおかげで、アナフィラキシーを起こしてしまったときに、症状が悪化することを抑えることができます。このスペシャルな注射の特徴と、その名前とは…！？

弓場　カタカナで４文字の、すっごい大事な注射のなまえの答えは、来週の木曜日にお伝えします。ぜひしっかり聴いてください！

弓場　本日の担当は、たまちゃんこと、弓場珠希でした。これで「防災プロジェクト」特別シリーズの放送を終わります。

図 3-15　食物アレルギーに関する特別放送の台本（2021 年度）

図 3-16　教室のモニターに投影した画像の一例

図 3-17 「ぼうさいタイムズ」（第 58 号） 食物アレルギー特集・前編

図 3-18 「ぼうさいタイムズ」（第 60 号） 食物アレルギー特集・後編

食物アレルギーに対して「関心が高まった」と回答した児童は、全体の70％であった。まずまずの数字なのかもしれないが、もちろん、比較するデータが手元にないため、このワンショットの結果を評価することは難しい。

　勉強になったかと尋ねたところ、「すごく勉強になった」＝52％、「まあまあ勉強になった」＝39％という結果となった。この点も、"お世辞"という名のメンティーラ（第2章第4節を参照）なのかもしれない。そこで、「アレルゲン」と「エピペン」という用語に関してクイズ形式で尋ねたところ、正答率はそれぞれ94％、96％であった。どれくらい集中して放送を聴いていたのか確かめるために、出演していた大学生のニックネーム（たまちゃん）を尋ねた設問も用意していた。この正答率は97％であった。これらを総合的に斟酌すると、まず間違いなく、熱心に放送を聴いてくれていたものと考えられる。

　そこで、放送の効果を探索するために、「食物アレルギーがある人を手助けしてあげたいと思うようになったか」と尋ねたところ、91％の児童が「手助けしてあげたい」と回答していた。また、「食品の成分を気にするようになったか」に関しては、yesと回答した児童は60％であった。

　ところで、もともと食物アレルギーのことを「知っていたか」を尋ねたところ、知っていた児童とそうでない児童が半々（有効回答数が各n＝33）となっていた。何をどこまで知っていたのかを確かめていないので、かなり大雑把なグルーピングではあるが、認知度の回答結果の違いと「関心が高まったか」に対する回答をもとにクロス集計をおこなってみた。その結果、「知っていた」グループで「関心が高まった」児童の割合は73％、「知らなかった」グループで「関心が高まった」人の割合は67％であった。両者の間で有意な差が見られなかったことから、事前の知識の有無、認知度の違いにかかわらず、今回のアクションによって、食物アレルギーに対する関心度が向上した可能性があることがわかった。

　念のため、関心の高まりの有無と「アレルギーの人を手助けしてあげたいと思うようになったか」の回答にギャップが見られるか確認するため、これらの回答に関してもクロス集計をおこなった。その結果、「関心が高まった」児童は、ほぼ全員が「手助けしてあげたい」と回答していたが、「関心が高まらなかった」児童においても8割が「手助けしてあげたい」と回答していた。全般

的にポジティブな影響を児童に及ぼすことができたのではないかと推察することができる。

　ところで、たまちゃんの卒業論文は、このようなシンプルな分析結果を記述するところでは終わっていない点が重要である。自身のこれまでの人生をふまえて、児童の心持ちを、さらに丹念にフォローしようとしていた。ここからが、彼女が当事者としての思いを込めて本領を発揮した内容だと思われる。

　アンケートの結果によると、約 8 割の児童が当該教育実践を終えたあとの感想として、食物アレルギーに対し「こわい」、「おそろしい」というネガティブな感情をいだいていた。しかしこのうち、食物アレルギーに対する「関心が高まった」とポジティブな回答をした児童が約 8 割いた。このことをふまえて、たまちゃんは、「大多数の児童が食物アレルギーを“正しく恐れる”ことができている可能性を示しているものと考えられる」と結論づけている。しかしその一方で、食物アレルギーに対して「こわい」と感想を残し、さらに「関心が高まらなかった」児童が、わずかに 3 名いた。この 3 名のことをたまちゃんはこころに留めて、卒論の 1 章をあてて検討を加えている。

　3 名は、はたしてどのような児童なのか。児童に嫌な思いをさせてしまうような事態があったのではないか。たまちゃんは、バックチェックする作業をおこなっていた。まず、大前提として、調査対象者に、重篤なアレルギー有病者は含まれていないことを確認した。次に 3 名の質問紙に対する回答傾向を精査したところ、2 名に関しては、新たに知識が定着した痕跡が示されており、食物アレルギーに関して学習する機会が得られたことをポジティブに受け止めていたこともわかった。つまり、関心度が上がったかという問いかけに対しては、ポジティブとは言えないことを素直に回答していたのだが、食物アレルギーはとても大事なイシューであることは、しっかり感得してくれていたのだった。

　では、残る 1 名は、どうだったのか。実は、学校を欠席したタイミングが重なったことから、放送を半分しか聞いていなかったことがわかった。そのため、当該教育実践とのかかわりが薄くなってしまい、残念ながら、たまちゃんが期待していたようなポジティブな影響を及ぼすことができていなかったのだ。アクション総体のインパクトによる「逆効果」が生じたわけではなかった

ようなので、ひとまずのところ安堵してもよい状況にあることまでを最終的に
確認することができた。

　たまちゃんにとってみれば、食物アレルギーによって苦しんできた、自身の
人生の歩みがある。だから、多くの人に伝えたい。特に児童に教えたい。しか
し、その思いが強く前に出て、"思い余って"しまうと、押し付けになり、か
えって背を向ける人、陰ながら傷つく人が出てきてしまうおそれもある。迷
い、悩んだアクションの連続だったはずだ。

　食物アレルギーに関する校内放送が終わった直後に、すぐさま放送室に駆け
つけて、たまちゃんに、「きょうの放送、とても良かったよ」と声をかけてくれ
た児童がいたそうである。たまちゃんは、児童を包摂しようとしていたが、結
果として、児童がたまちゃんを包摂してくれた場面でもあった。たまちゃん
が、自らをメディアとして、真正面から児童に向き合おうとしたことで、包摂
し合う関係性が生まれたのではないかと思う。これは、筆者（指導教官）には
決して真似することのできない偉業であった。この顛末から一番多くのことを
まなんだのは、わたし自身だった。

4　オープン・プラットフォームのポテンシャリティ

　2020年に入り、世界中で新型コロナウイルス感染症（COVID-19）が流行・
拡大したことによって、日本社会においても様々な対応が求められるように
なった[8]。日本政府は、2020年3月2日から全国すべての小学校、中学校、
高等学校などに対して春休みに入るまで臨時休校とするように要請した。その
後、専門家会議は、同年3月9日、①換気の悪い密閉空間、②多くの人が密集、
③近距離での会話や発話（密接）の「3つの条件」を示し、この条件が重なるよ
うな場所や場面を避けるように呼びかけた。いわゆる「三密の回避」である。
その後、世界保健機構（WHO）も「密閉・密集・密接」に相当する英語のアル
ファベットの頭文字がCであることから「3つのCを避けよう」と訴えている[9]。
　このように「ウィズ・コロナ」、「インターコロナ」（斎藤, 2020）の時代に
入ったことを与件とするならば、「フィジカル・ディスタンシング」と「ソー
シャル・コネクティング」を両立させることが強く要請される（鎌田, 2020）。

国際社会においても、コロナ禍を奇貨として「連帯 (solidarity)」の契機とすべしという言説があふれている（たとえば，ハラリ，2020; ダイアモンド，2020; 大澤，2020）。ウルリヒ・ベック (1998) の言う「リスクの前の連帯」を念頭に置くならば、コロナ禍という世界的な危機においてこそ、利他的な援助行動がさかんに発動されるはずである。しかし実際には、社会的な差別や排除などの混乱も助長されている。自粛警察やコロナいじめ等のトピックを例に出すまでもなく、フランシス・フクヤマ (2019) が指摘しているように、自尊感情を満たす承認欲求の亢進とその激突は留まることを知らないかのように見える。真の「連帯」を具現化するためのアプローチは、理論上も実践上も、まだ発展途上の段階にあると指摘せざるをえない。

　ジャック・ラカンによるフロイトの再解釈を引照しながら大澤真幸が指摘しているとおり、混乱のさなかの〈夢〉——それは、白昼夢と言ってもよいだろう——から覚醒する前に、社会が集合的に見ている〈夢〉そのものに深く沈潜して、〈夢〉を言語化しておくアプローチが肝要である（大澤，2012）。〈夢〉をいかがわしい「虚像」だとして斥けるのではなく、〈夢〉こそが「真実」を印画紙に写し出す現像液に満たされた時空なのかもしれない。そこに光をあて、「真実」をいまのうちに保存して未来に託すこと。本研究のねらいは、この点にある。

　未曾有の危機に見舞われた学校で、もしくは大学で、防災教育に関するどのようなチャレンジができるのか。本節では、筆者の研究室でおこなっている実践とそのポテンシャリティを検討したい。

（1）　教材動画のプラットフォーム

　2020年4月下旬から、おもにインターネット会議システム Zoom の録画機能を活用して、大学生が中心となって「防災教育」（フィールドワークで知りえた安全・安心に関するアイデアなど）や「教科教育」（国語・算数・理科・社会・英語・体操など小学生をメインターゲットにしたプログラム）に関する短い教材動画コンテンツを制作し、オープン・プラットフォームで公開していくことにした。特に、**第2章**で紹介した真陽小学校における「校内防災放送プロジェクト」が中断したこともあって、戸惑う児童たちの顔を思い浮かべながら取り組

みを進めた。そしてもちろん、小学校の教員も、大学生も、そして筆者も、だれしもがこの感染症災害に強い不安を抱えていたことは間違いない。

　ワークフローの概略を、以下に述べる。プロジェクトに参画する大学生（約20名）は"stayhome"で大学の授業を履修することになったため、自宅のパソコンやスマートフォンを操作して、仲間の大学生とZoom上で打ち合わせをおこなうことになった。まず、動画のコンテンツの主題を定める。そのあと、プロットを考え、必要であれば教材（多くはパワーポイントスライド）を分担して制作する。

　準備が整うと、次の段階で出演メンバーがZoomにアクセスして、Zoomを録画の状態にする。あとは、フリートークを交えながら、教材の内容を楽しくわかりやすく解説する。画面上には、進行役の学生が1名だけ映っているときもあるし（speaker viewの設定）、フリートークに参加している学生数名がマルチ画面で映っているときもあり、さらに教材となるスライドをアップショットで投影しているときもある（**図3-19、図3-20、図3-21**）[10]。

　おもな視聴対象者層を、"おうちじかん"が増えた小学生児童に照準したことから、トークが退屈にならないように、時にはクイズを交えながら、時には

図3-19　「教材動画制作プロジェクト」 トーク・マルチ画面（基本形）

図 3-20 「教材動画制作プロジェクト」 都道府県クイズシリーズ
(出演者の画面サイズを小さくして、その代わりに教材スライドの画面をアップショットにする。著作
権フリーのイラストと BGM 音源を使い、学生が撮影した写真などを組み合わせて構成している)

図 3-21 「教材動画制作プロジェクト」 体操「ボクササイズ」から
(同様の手法によってストレッチやダンスなどの動画も制作された)

イラストや小道具も使いながら進行していた。収録後の編集作業も、大学生が自宅でおこなった。アップテンポのBGMをミックスしているバージョンが多く、文字情報もなるべく大きいフォントサイズを使ってスーパーインポーズしている。

　このようにして制作した教材動画コンテンツを、YouTubeを使ってインターネット上にアップし、研究室の公式ウェブサイトで情報発信するようにした（図3-22）。このとき、並行して、研究室の公式Twitterも活用してPRを

新着コンテンツ

- 防災試練の塔クイズ　第2回
- ぼうさいの芽〜エレベーターの「密」を軽減する方法〜
- タイムズクッキング〜アルファ化米作ってみた！編〜
- ＳＫＨプロジェクト 特別授業メッセージムービー
- J:COM「つながるBOUSAI」第2回
- 防災試練の塔クイズ　第1回
- J:COM「つながるBOUSAI」第1回
- ぼうさいの芽〜ペットボトルランタンを作ってみよう〜

人気のあるコンテンツ

1. マジックシアター Vol.1（なんのどうぶつ？）　*471 views*
2. 非常用持ち出し袋をチェックしよう　*441 views*
3. 45秒で何ができる？　*391 views*
4. おうちでスクワット！　*376 views*
5. Knee to Elbow!　*328 views*
6. 防災credo（近藤ゼミ7期生）　*280 views*
7. 暮らしの安全安心クイズ01　*278 views*
8. タイムズクッキング〜お菓子なコーンポタージュ編〜　*243 views*

図3-22　「教材動画制作プロジェクト」公開ページ（抜粋）
（2020年10月31日時点　http://kondoseiji.main.jp/movie/）

おこなうことにした。オープン・プラットフォームのアクセス解析は、Google Analytics を使って実施した。

（2）　実践のインパクト

　プロジェクトをスタートして約 7 カ月で、2020 年 10 月 31 日までに、教材動画コンテンツを約 120 本制作し、順次公開することができた。

　ページのアクセス数は、2 万 8 千件を超え、動画視聴延べ回数は、1 万 2 千件ほどになった。サイトを訪れても動画を見ない人がいるのは、同じサイトで公開していた調査報告のドキュメントなどを閲覧したり、研究室のプロフィール欄を確認したりして、そのままサイトを離れた人がいたことによる。教材動画コンテンツの公開という取り組みは、そのことにまったく関心がない人を掘り起こすような強い訴求力は持っていなかったようである。あくまでも、「ちょっと見てみようかな」というニーズに即応した取り組みであったことがわ

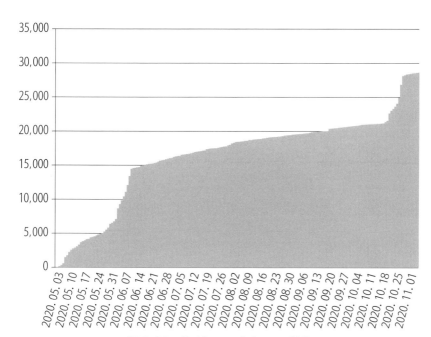

図 3-23　サイトページビューの推移

かる。以下に、Google Analytics などから得られたデータをもとに、動画教材プロジェクトに対してどのようなインパクトがあったのか、概況を見ていこう。

　まず、ページビューのトレンドを、**図 3-23** に示す。一瞥してわかるとおり、2020 年 5 月と 10 月に 2 度、増加の傾きが大きくなっている。5 月は、プラットフォームの立ち上げ期に Twitter 等で PR に励んだことや、プロジェクトを紹介する新聞記事が配信されたことなどが影響しているものと考えられる。また、10 月は、大学の授業で当該プロジェクトを紹介したことから、学内関係者の視聴者数が増えたものと見られる。

　ユニークユーザーの数、すなわち、サイトを閲覧した人の数を重複集計しないようにカウントした純粋な訪問者数の推移もほぼ同様の傾向を示しており、その数は 4,000 ほどになっていた（**図 3-24**）。

　次に「流入元サイト」、すなわち、当該プラットフォームのサイトにリンクしている他のブログ、サイト、および検索エンジンなどのプロポーションを分

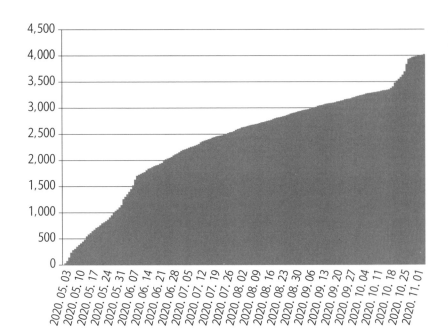

図 3-24　ユニークユーザー数の推移

析した結果を**図3-25**に示す。これも、一目瞭然であるが、全体の36.0%は
Google等の検索エンジンからであり、次に多かったのがTwitterからで、
28.8%を占めていた。先述したとおり、大学の授業で紹介したことが10月頃
のページビューを増やす一因となっていたわけだが、この結果を見てみると、
Twitterからリンクをふんでサイトを訪れた人のほうが、学部のホームページ
から訪れた人よりも多かった。さらに、検索エンジンからのアクセスが4割弱
あったこともふまえると、これまで筆者の研究室とは縁がなかった人たちと新
たにつながる契機を生み出していたものと考えられる。

　また、ユーザーの在住県を確かめたところ、大阪府、京都府、兵庫県と関西
圏が上位を占めていたが、その次には東京都と神奈川県が続いていた（**図
3-26**）。

　研究室が所属しているキャンパスは大阪府内にある。そして、研究室の活動
は、これまでずっと関西圏を中心に展開してきた。そのため、もともとつなが
りがあった関西の関係者からのアクセスが多いことは予想の範囲内であった。
たとえば、流入元の4位（再び、**図3-25**を参照）には、「京丹波」（京都府船井
郡京丹波町）がランクインしている。この町で近藤ゼミは、ケーブルテレビと
協働した番組制作プロジェクトをすでに5年ほど継続してきており、2020年

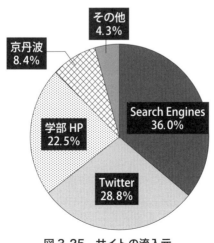

図3-25　サイトの流入元

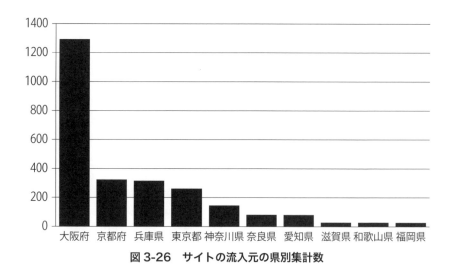

図 3-26　サイトの流入元の県別集計数

度はケーブルテレビや町の広報誌で動画教材プロジェクトを紹介していただい
た経緯がある。そうした活動の蓄積が、流入元のランキングに反映しているも
のと推察される。

　一方で、まだ数は少ないながらも、これまでつながりがなかった関東圏から
もページビューを集めることができはじめていることがわかった。特に、サイ
トの流入元の県別集計数で5位（再び、**図 3-26** を参照）となった神奈川県に関
しては、これまで研究室のプロジェクトを実施した実績は皆無で、卒業生もい
ないことから、思い当たるふしのない新たなつながりが生まれた可能性がある[11]。

　ここで、視聴回数の多かったコンテンツの種別も確認しておこう。2020 年
10 月 31 日現在で、最も視聴回数が多かったのは、幼児向け動画「マジックシ
アター」（471 回）だった。2 位は、防災教育動画「非常用持ち出し袋をチェッ
クしよう」（441 回）で、その他、「体操」に関する動画が上位を占めた（再び、
図 3-22 を参照のこと）。

　1 位と 3 位以外の動画に関しては、その由来を次項で述べる。2 位になった
防災教育動画「非常用持ち出し袋をチェックしよう」は、先に述べた京丹波町
とのつながりをベースとして生まれたコンテンツである。大学生が Zoom を
使って動画制作ができることがわかってきた 2020 年 5 月頃に、京丹波町ケー

図 3-27　防災教育動画「非常用持ち出し袋をチェックしよう」の一場面

ブルテレビの自主放送チャンネルと共同して、遠隔で防災番組を制作する企画が持ち上がった。コロナ禍をふまえて、"おうちじかん"を活用して非常用持ち出し袋を点検してもらう内容となった。町民には高齢者が多いことから、小学生向けにコンテンツを制作してきたノウハウを生かしながら、楽しく朗らかに進行する演出で番組を構成することになった。マルチ画面には大学生が3名出演して、順番に防災グッズなどを紹介していった（**図 3-27**）。

　この番組は、京丹波ケーブルテレビで42回放映された（1日6回・7日間連続）。その後、教材動画プロジェクトのサイトでも公開されている。

（3）　意図せざるインパクト

　このようなオープン・プラットフォームにアクセスするビューワーが増えていくことまでは、当初から"予想（期待）"していた。しかし、今回の分析によって、それ以外の波及効果があることが見出された。この点を大きく2つ述べる。キーフレーズを先に掲げておくと、「世代をつなぐ」こと、そして「地域をつなぐ」ことである。

　まず1つ目は、「世代をつなぐ」変化である。具体例に即して説明しよう。小学生向けに制作された数多くの動画コンテンツは、おもに小学校HPのリンク

などを介して、校内で、もしくは家庭内で視聴されていたようである。ところで、教材動画プロジェクトの取り組みを知ったA市教育委員会から、「未就学児向け動画をシェアできないか」との依頼があり、その後、「遊戯動画（お楽しみ）カテゴリー」を新設して対応していくことになった。そのような動きのなかで制作されたのが、視聴回数がトップにランキングしている「マジックシアター」である（再び、**図3-22**を参照）。このコンテンツは、A市教育委員会の公式YouTubeチャンネルでも公開されていて、人気のコンテンツになっている。また、当該A市をカバーするケーブルテレビ・ネットワーク・サービスでも繰り返し放映された。

　このようにして、対象年齢層を引き下げることによって視聴対象者層を広げることができた事例を紹介したが、こうした動きの次に、今度は、B市の高齢者福祉施設の関係者から、小学生向けの「体操」動画を高齢者向けの「ストレッチ」動画にできないかという連絡があった。そこで、タオルを使って座ったままおこなうストレッチの紹介など、新たなコンテンツが生まれた（残念ながら、**図3-22**のランキング外）。その後、このようにして、対象年齢層を広げていくことができる手応えがあったことをふまえて、B市ならびにその近隣の自治体をカバーするケーブルテレビ放送網とB市の危機管理セクションと協働して、大学生が企画・出演する防災のテレビ・シリーズコーナーを制作していくことになった（**図3-28**）。

　さて、もうひとつの波及効果は「地域をつなぐ」という変化であった。研究室で実施している数々の防災実践プロジェクトの実情を述べれば、フィールドワークで出会った人たちとは、「大学」と「当該地域」、1対1の対応関係で、いわば"クローズドな"交流をおこなってきたきらいがある。たとえば、C村のプロジェクトでC村の住民とコラボレーションした際の知見は、あくまでもC村だけに還元して終わってしまい、D町とはD町と、E市とはE市との関係性のうちに閉じるということが通例であった。

　しかし、様々な地域におけるフィールドワークをベースとした防災教材動画をオープン・プラットフォームで公開したことによって、Xという地域の視聴者がYという地域の取り組みを知り、Zという地域のユーザーがXという地域の特性をまなぶといった"意図せざる（unintentional）"新たな相互交流が形成

図3-28　防災コーナー「つながる Bousai」の一場面
（この動画シリーズでは、ときに屋外でロケをするなどの本格的な演出も試みた）

され始めた。実際に、京丹波町の関係者からは、当該オープン・プラット
フォームを通じて FU 市や KU 市の防災の取り組みを知ることができて有益
だったというメッセージが寄せられており、その逆のケース（KU 市→京丹波
町、B 市→京丹波町などのベクトル）も生じている。

　今後、上述したA市やB市の事例を京丹波町のアクションに結び付けていく
ことは十分に可能であろう。当該プロジェクトを単に教材動画を制作しアーカ
イブしていくだけの取り組みとして評価するならば、アクセス数は決して多く
はなく、ごくささやかなアクションのように見える。しかし、このような「つ
ながり」を次の「つながり」につなげていくこと——"つながりのつながり"
を創発すること——ができれば、より大きなまなび合いのムーブメントに転換
できるポテンシャルがあると考えられよう。

（4）　四次元の感染と連帯
　コロナ禍が生じてからやむなく開始した教材動画のオープン・プラット
フォーム・プロジェクトは、取り組みを継続していくなかで、背後に「つなが

り（連帯の萌芽）」が生起し始める波及的な効果がのぞめるようになったことを見てきた。さいごに、このことの防災教育学の領野における意義を考察しておこう。

本節の冒頭で述べたとおり、現代社会においてモダニズムの発想によって連帯の重要性を叫ぶことはたやすいが、それを実質化させていくことは難しい。しかし、事の難しさを叫ぶだけでは、かえって事態を閉塞させ、困窮の度を極めるだけである。われわれは、自身が再帰的な高度情報社会に与していることに関しては、鋭く自覚的であらねばなるまい。そこで、この難問を乗り越える糸口として、本研究では、社会学の巨頭、宮台真司と大澤真幸の議論を引照しておきたい（大澤・宮台，2010）。この2人の社会学者は、「正義」を実質化していく困難をいかに超克するかという論脈で、「まなびの動機」の第3の類型に着目している。

ここで第1の類型とは、「競争動機」（勝つ喜び）、第2の類型とは、「理解動機」（わかる喜び）、そして第3の類型とは、「感染動機」（ミメーシス＝感染的模倣）のことを指している。「自分もこういう人になってみたい」、「自分もこういうすごいことを成し遂げてみたい」というあこがれの感覚——それは、もはや"理屈ではない"とも指摘されている——を醸成するなかで、いわばアクションを「伝染させる」という方略である。この点を平易に語りかけている宮台の言葉を一節だけ引いておく。

> 人間は、なぜか、利他的な人間の「本気」に「感染」します。それにつけても、最近の子どもたちは、「本気」で話した経験を、どれだけ持っているのでしょうか。それこそが「感染」の土台であるのに。
>
> （宮台，2008: pp.51-52）

動画を楽しんでくださった児童や高齢者は、やはり、まず、画面に映っている大学生の姿を見ていた。「励みになった」、「元気をもらった」、「笑顔がすてきだった」……。

防災に関して楽しそうに語りかけてくれる大学生の笑顔に、おもわず笑みがこぼれる。知らないうちに引き込まれる。「いつかこの人たちのようになりた

い」と未来をイメージする子どもたち。「わたしにもこんな若いころがあった
なあ」と過去を懐かしく回顧する高齢者たち。デジタルにアーカイブされた動
画は、出演している本人（大学生）たちにとっても、未来の時点で過去を追慕
する糧となるはずだ。「あのころ（コロナ禍のころ）に、拙い動画を通して、見
知らぬ他者のために防災の大切さを呼びかけたことがあったなあ」、「そんなわ
たしは、いま、防災について……」。

　コロナ禍のさなかにおいて、「感染」というアナロジーを使うことは、ある
種のアクチュアリティを帯び過ぎてしまい、ネガティブに受け止められるおそ
れがあるかもしれない。しかし、インターネットが進展した高度情報社会にお
いて、ソーシャル・ディスタンシングを保ちながら、「弱いつながり」（東,
2016）の場をオープン・プラットフォームに求めることには、一定のアドバン
テージがありそうである。防災に向き合う姿勢や熱情を感染させながら確かな
連帯を組み上げていくことは、未来社会を構想していく一筋の光明となりうる
のではあるまいか。

　本研究の意義を煎じ詰めれば、このような"足掛かり"を得たことにあると
言えるだろう。もちろん、すでに宇野常寛らが取り組んでいる「遅いインター
ネット」の運動のように、リアルとバーチャルのつながりを巧みにクロスさせ
ていく必要があることは付言しておかねばならない（宇野, 2020）。とかく「防
災教育学」というと、対面式のリアルなかかわりしかありえないかのような声
も現場から聴こえてくる。その真摯な思いには、まずは賛意を表したい。われ
われは、face to face のかかわりを手放すわけにはいかない。しかし、そうで
あっても、いかにしてポストモダンのコミュニケーションをデザインしていく
のか、今後も実直な実践を積み上げて理論的にも精緻化する作業を続けていく
ことが求められるものと考える。リアルとバーチャルの境界を大胆に越境し、
ハイブリッドに往還してもなお、いのちの神秘は色褪せることはないはずだ。
そのことを、いまのうちから果断に確かめていかなければならない。

〈補注〉
　1)　たとえば、内閣府「防災教育のページ」は、様々な防災活動を紹介するポータルサイ
　　　トを紹介するゲートウェイにもなっている。このページのなかに、本章で紹介する

「稲むらの火」のエピソードに関するリンクも貼られているので、ご参照いただきたい。

2） 室﨑益輝（2012）においても、「断片的な知識切り売り型の教育は、状況に対応する力を育てられないし、誤った行動を引き起こすことにもつながる」として退けられている。なお、室﨑は、「防災の心（マインド）」として求められるのは、「意識・認識・知識」の3要素であると指摘している。意識は、「命を大切にしようとする気持ち」や「人を助けようとする気持ち」で、優しさや勇敢さが該当する。認識は、災害の危険性や社会の脆弱性を正しく理解することで、洞察力や探究心と言い換えられている。そして、知識とは、災害のメカニズムや防災のノウハウなどを意味している。理論的な知識と経験的な知識の二系統があると指摘されている。

3） ここでは、「パターナリズム」（父権主義）を、ごくオーソドックスな意味において使用している。パターナリズムの功罪に関しては、『統治・自律・民主主義——パターナリズムの政治社会学』（宮台真司監修, 2012）を参照のこと。

4） ただしもちろん、長期的な変化をとらえた論考もある。たとえば、黒崎ひろみ・中野　晋・橋本　誠・東雲礼華（2010）の、地震・津波を主題とした防災教育実践の論文などが参考になる。

5） 本書を執筆時点（2022年4月）で、シリーズ通算34号を数え、発刊が続いている。

6） こちらの学生コラムは、2020年度で終了した。2021年度からは、筆者が「百世安堵」というコラムシリーズを受け持っている。

7） アレルギーの話は、どうしても難しくなってしまう。低学年にとってみれば、やはり「怖い」（だけ）かもしれない。ところで、校内放送のシステムでは、低学年の教室だけ放送をシャットダウンすることもできる。そこで、高学年限定の放送にするか否か、小学校側と協議した。その結果、たとえ内容が難しかったとしても、普段の校内防災放送のときと同じように低学年児童にも聞かせようという方針になった。食物アレルギーの問題は、「大事なこと」であるということのフィーリングを、まずはシェアしてもらおうという判断である。

8） もちろん、たとえば、NHKスペシャル『謎の感染拡大〜新型ウイルスの起源を追う〜』（2020年12月27日放送）などにおいても指摘されていたとおり、2020年に入る前に、中国武漢以外のヨーロッパなどでも、下水道の調査などから、すでに感染が広がっていたとする指摘は多い。ここでは、世界保健機構（WHO）が2020年になってから世界に向けて緊急事態であることを宣言し、2020年3月になってようやく「パンデミック」であると認定したことを念頭において記述している。

9） 「3つのC」とは、「Crowed places」、「Close-contact settings」、「Confined and enclosed spaces」を指す。たとえば、SankeiBizの2020年7月19日の記事「日本

提唱の『三密回避』を WHO も訴え　有効性を認定」などの記事を参照のこと。

10)　動画コンテンツの品質保証に関しては、ワークフロー上は、原稿段階と編集済の段階の 2 度、指導教員（筆者）が点検作業をおこなっている。最終試写をふまえてようやく、ゼミの公式サイトにアップする。この公開設定をおこなう権限は、指導教員（筆者）だけが持っている。

11)　関東圏（特に神奈川県）からのアクセスが数多くあった理由を説明するための明確な材料は、まだ筆者の手元にない。ただし、ひとつの解釈としては、防災情報を求めている背後人口が多いエリアから、検索等のルートをたどってアクセスしていただいた可能性を指摘することはできる。コロナ禍において、「社会的なつながり」を求めるニーズが強まったり増えたりしたことに関しては、すでに、近藤（2021）で考察している。

〈参考文献〉

東　浩紀（2016）『弱いつながり──検索ワードを探す旅』幻冬舎.

千々和詩織・矢守克也（2020）「長期的な視点に立った学校防災教育の実施と検証に関する試論」『災害情報』No.18-1，pp.25-34.

フランシス・フクヤマ（2019）『IDENTITY──尊厳の欲求と憤りの政治』朝日新聞出版.

広川町教育委員会（2016）『濱口梧陵傳』広川町教育委員会.

ジャレド・ダイアモンド（2020）「独裁国家はパンデミックに強いのか」『コロナ後の世界』大野和基編，文藝春秋，pp.10-47.

鎌田　実（2020）「分断回避のためにコロナ感染した若者に「ご苦労様」と言おう」『コロナ後の世界を語る──現代の知性たちの視線』朝日新聞社編，朝日新聞出版，pp.168-176.

近藤誠司（2017）「校内防災放送の長期的な教育効果に関する基礎的考察──神戸市長田区真陽小学校におけるアクションリサーチから」日本安全教育学会第 18 回岡山大会プログラム・予稿集，pp.95-96.

近藤誠司・植竹　遥・石原凌河（2018）「逆ベクトル型防災学習のポテンシャリティ──和歌山県広川町における実践事例から」日本安全教育学会第 19 回横浜大会プログラム・予稿集，pp.69-70.

近藤誠司・石原凌河（2020）「"360 度の学び合い"を重視した持続的防災学習の検討──和歌山県広川町・こども梧陵ガイドプロジェクト」『防災教育学研究』第 1 巻第 1 号，pp. 67-79.

近藤誠司（2021）「コロナ禍における社会的なつながりの再考──地区防災活動の中に見出された関係性の変容をめぐる基礎的考察」『地区防災計画学会誌』第 19 号，pp.71-

80.

黒崎ひろみ・中野　晋・橋本　誠・東雲礼華（2010）「地震・津波をテーマとした学校防災教育効果の持続と低下」土木学会論文集 B2（海岸工学），Vol.66, No.1, pp.401-405.

宮台真司（2008）『14 歳からの社会学』世界文化社.

宮台真司（2012）『統治・自律・民主主義──パターナリズムの政治社会学』現代位相研究所編，NTT 出版.

室﨑益輝（2012）「災害に強い人間を育てる──防災教育における協働」『日本家庭科教育学会誌』55（3），pp.141-149.

内閣府（n.d.）『防災教育のページ』https://www.bousai.go.jp/kyoiku/minna/kyouiku/index.html　（2022.4.3. 最終確認）

NHK（2020）「謎の感染拡大～新型ウイルスの起源を追う～」『NHK スペシャル』（2020年 12 月 27 日放送）.

大澤真幸・宮台真司（2010）「『正義』について論じます」『THINKING O』第 8 号，左右社.

大澤真幸（2012）『夢よりも深い覚醒へ──3.11 後の哲学』岩波書店.

大澤真幸（2020）「不可能なことだけが危機を超える──連帯・人新世・倫理・神的暴力」『思想としての〈新型コロナウイルス禍〉』河出書房新社，pp.2-32.

斎藤　環（2020）「コロナ・ピューリタニズムの懸念」『コロナ後の世界──いま、この地点から考える』筑摩書房編集部編，筑摩書房，pp.79-99.

崎山光一（2015）「稲むらの火の館における災害伝承の取り組み」『復興』13 号，Vol. 7, No.1, pp.42-48.

産経新聞社（2020）「日本提唱の「3 密回避」を　WHO も訴え　有効性を認定」（2020 年 7 月 19 日）　https://www.sankeibiz.jp/macro/news/200719/mcb2007190954001-n1.htm（2020 年 12 月 30 日最終確認）

城下英行（2012）「英国の安全教育──複層的な学びの提供」土木学会論文集 F6（安全問題），Vol.68, No.2, 146-152.

ウルリヒ・ベック（1998）『危険社会──新しい近代への道』東　廉・伊藤美登里訳，法政大学出版局.

宇野常寛（2020）『遅いインターネット』幻冬舎.

矢守克也（2013）『巨大災害のリスク・コミュニケーション──災害情報の新しいかたち』ミネルヴァ書房.

ユヴァル・ノア・ハラリ（2020）「脅威に勝つのは独裁か民主主義か──分岐点に立つ世界」『コロナ後の世界を語る──現代の知性たちの視線』朝日新聞社編，朝日新聞出版，pp.54-66.

第4章
教育効果の測定に関するチャレンジ

　本章では、教育効果を測定する営みを対自化するために、敢えて、いくつか
の測定技法を紹介してみたい。これは、本書が**序章**で紹介した"弁証法的に物
事を考えていく"理路をたどるのではなくて、極相を突き抜ける方略によって
教育行政の苦難を"内破"することを試みるプロセスでもある。

　しかし、先に釘を刺しておけば、たとえば、ジェリー・Z・ミュラーの『測
りすぎ——なぜパフォーマンス評価は失敗するのか？』(2019)——原題は、
「Tyranny of Metrics」というセンセーショナルなタイトルになっている——
などを読んでから、このチャプターに目を通すことをお勧めしたい[1]。われわ
れは、むやみに効果測定しようとすることの愚を回避することのほうが、とき
にハッピーであるからだ。確固とした客体を措定して、その変容を測定する素
朴なアプローチ自体を、そろそろ客観視しておこう。

1　フォトボイス法による実践のバックチェック

　防災教育学の"業界"では、質問紙によるプレ／ポストテストなどによっ
て、防災関心度の高低や知識の定着度などを定量的に測定し、教育実践の効果
を評価・吟味していることが多いようだ。筆者自身も、ご多分に漏れず、これ
までにそのような単純明快な手法を多用してきたことを認めざるをえない。し
かし、そのような素朴なサーベイランスの結果は、あくまでも"学校教育とい
う文脈"に紐づけられたものに過ぎず、児童や生徒のトータルな暮らしの中で
位置づけ直してみた場合には、きわめて限られた局面を、きわめて偏った指標
で測定し、都合よく解釈するような危険性を孕んでいることが露呈するにちが
いない。端的に言えば、教室内の優等生は、防災教育上も優等生にちがいない

と追認してしまうような愚である。

　そこで本節では、子どもたちのまなびの成果や課題を"可視化"するメソッドとして、アメリカやイギリスなどにおいて住民参加型のまちづくり事業などでさかんに用いられている「フォトボイス法」[2]を援用してみることにした。これは、文字どおり、「フォト」(photo) と「ボイス」(voice) を組み合わせたアプローチで、たとえば、参加者が街中において写真を撮影し、それを持ち寄ってワークショップをおこない、課題に感じたことなどのボイスを寄せ合い、改善策を一緒に検討するといった作業フローになっていることが一般的である。自分が撮った写真をあらためて眺めたり、自分の経験や想いを言葉にしたり、他のメンバーの異なった視点にふれたりする過程において、新たな気付きが生まれることが期待される。また、「写真」と「声」を組み合わせることによって、画像だけで、あるいは、言葉だけで伝えるのは難しかったことまでも、メンバー同士が共有することも可能となる。

　当該実践の参加者は、本書では何度も紹介してきた神戸市立真陽小学校の放送委員である（**第2章**などを参照）。5〜6年生、計11名と筆者の研究室所属の大学生とで、2018年度の秋、「まちなか撮影プロジェクト」を企画してみた（**図4-1**）。

　放送委員会の時間を使って、児童に、学区内で防災にかかわりがあると思われる施設や設備を見つけたらデジタルカメラで撮影するように依頼した。学区を4エリアに分け、児童は4グループに分かれて隈なくまわる。随行する大学生は、各グループの安全管理等を徹底する役目を担った。また、大学生は、ビデオカメラで児童の行動を逐一記録し、児童がデジタルカメラのシャッターを切るたびに、何を撮ったのか、なぜ撮ったのか、その場でインタビュー——ボイスを採取——するようにした（**写真4-1**）。

　通常のフォトボイス法では、ボイスは、写真の整理をおこなう際などにポストイットを貼るなどしながら採録することが多いのだが、ここでは、現場で即座に丸ごと動画で記録してしまう点がユニークである。児童の記憶が薄れないうちにホットなデータが採取できるという利点もあるが、このような段取りにしたほうが、"わくわく感"があって楽しいのである。

　ただし、後日、振り返り学習会を実施して、静穏な環境でもボイスを採取す

2018.10.9
まちなか撮影プロジェクト

➢ 「防災」にかかわりがあると思われる「モノ」を撮影しよう。
　（例えば、いのちを守ってくれるモノ、災害の時にあぶないモノなど）
➢ カメラは、1グループに1台です。交替で、使います。
➢ 写真を撮ったら、その場で、大学生のカメラに向かって、
　「なぜその写真を撮ったか」、「気になる理由」を話してください。
➢ 制限時間は、45分。決められた範囲のなかで撮影します。
➢ 写真は、何種類撮影してもOKです。失敗してもすぐ撮り直せば、
　だいじょうぶ。写真のデータはあとで大学生が整理します。

【注意】　車やバイク、自転車がとびだしてくるかもしれません。
交通安全に注意して行動します。ゼッタイに走らないこと。町を
歩いている人や家の玄関先、店先などは、勝手に撮影しては
いけません。まよったりこまったりしたら、すぐに大学生に
相談しましょう。かならず余裕をもって集合時間にもどってきて
ください。

図4-1　まちなか撮影プロジェクトの説明書

るようにした。児童が撮影した写真をカラー印刷して机のうえに並べて、4グ
ループごとに、どんな気付きがあったのか、ベストショットはどれなのか等を
議論してもらった。

　さて、さっそく結果を確かめてみよう。「写真」（フォト）から、何がわかる
だろうか。児童が撮影した写真は、合計68枚あった。

　まず、写された内容を分析してみた。ハザードごとに分類集計すると、火災
に関する写真が29枚、地震が17枚、津波が6枚などとなった（**図4-2**）。

写真 4-1　まちなか撮影プロジェクトの様子

写真 4-2　消火器

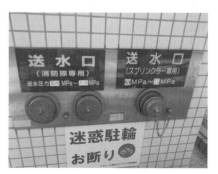

写真 4-3　消火設備

　また、防火に関する設備（消火栓など）は赤色で目立っていて、街のあちこちにあるため、すべてのグループにおいて数多く撮影されていた（**写真 4-2、写真 4-3**）。

　一方、真陽地区では、津波避難対策が最重要課題であるにもかかわらず（第2章を参照）、児童が撮影した写真のなかには、津波に関連するもの（避難誘導看板や海抜表示シートなど）は、ごくわずかしかなかった。そもそも、津波避難ビルは何棟も目にしていたはずなのに、それを意識してシャッターを切る児童は、残念ながらひとりもいなかった。教室の中では、津波をたくさん話題にしてきたにもかかわらず、学校の外に出ると、その論脈が容易に断ち切られてしまっている可能性がある。

　さらに、津波に関連する写真が少なかった原因を探索するため、校内防災放

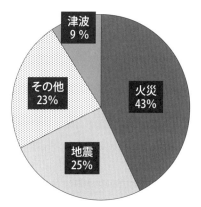

図 4-2　児童が撮影した写真の分類
(n = 68, MA)

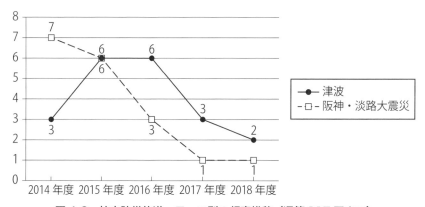

図 4-3　校内防災放送　テーマ別の頻度推移（通算 117 回まで）

送（これも**第 2 章**を参照のこと）の放送履歴とクロスして分析してみた。**図 4-3**
に、放送のなかで津波避難を扱った回と、併せて、阪神・淡路大震災を扱った
回の頻度（後述する）を示す。

　放送担当者のなかでは、津波の話題はずっと"定番"のネタであると思われ
てきたのだが、実は、取り組みの 3 年度目となる 2016 年度を境にして、一気
に減少に転じていたことがわかった（放送回の総数は毎年度、ほぼ同じである）。
阪神・淡路大震災の話も、同様に激減していた。実践がマンネリ化してしまう

ことを避けるあまりに、津波避難の話題を愚直に繰り返すことがおろそかになり、放送委員会内においても、次第にこのテーマを等閑視していた可能性が見出された。

では次に、「声」（ボイス）の分析を見てみよう。大学生が記録したビデオカメラにおさめられた音声や、振り返り学習会で聞き取った内容である。写真を撮影する際に、児童たちは様々な知識を活用していたのだが、その多くは、最近知った"目新しい"エピソードにアンカリングされていることがわかった。「エアコンの室外機」（**写真 4-4**）や「マンホールの蓋」（**写真 4-5**）は、地震時に落下するかもしれないとか、豪雨時に脱落するかもしれないなどの理由で撮影されていた。ところで、どうしてそのことを思い付いたのかを尋ねると、ほとんどが、「最近、テレビで見たから」という回答になっていた。たとえば、阪神・淡路大震災の際にも、真陽地区では様々な設備に転倒や落下の被害が出ていたのであるが、そうした過去の教訓を指摘した児童は皆無だった。再び校内防災放送の内容分析の結果に目をやるとわかるように（**図 4-3**）、阪神・淡路大震災を扱った回は、近年、ほとんどなかったことがわかった。

こうして測定結果を分析してみると、校内防災放送プロジェクトのまなびの「活用面」は、きわめて心許ない状況であることが判明した。

持続的な防災教育の効果を確かめるという趣旨でフォトボイス法を援用してみたところ、思わぬ実践上の課題が浮かび上がってきた。まずは、この点が重要である。児童を客体視して測定しているうちに、実践運営の不備自体が測定

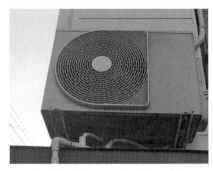

写真 4-4　エアコンの室外機

写真 4-5　マンホールの蓋

されてしまった。これはすなわち、従属変数を見ていたはずが、独立変数の適否を見ていたというわけである。このような錯誤は、実は、調査の現場ではよく起きている。研究者がそれを自覚し、適切に保存し、素直に解釈することができるか、そこが問われている。しかし実際には、"不都合な事実"は、論文などになって公刊される前に、人知れず捨て去られていることが多いのではないだろうか。たまに、事態を掌握しきれていない研究者が、うっかり学会の場でデータをそのまま発表してしまうようなハプニングがあり、事の一端が露呈することもある。われわれがまなび合うための"知恵の泉"は、だからまるで間欠泉のようなものと化していて、普段は皆で共有することが難しい。

　さて、今回のフォトボイス法の取り組み自体からも、たくさんの"気付き"が得られていた。さいごに3点だけ、印象的なエピソードを紹介しておこう。

　ひとつは、「自動販売機」（**写真4-6**）を撮影した児童たちのボイスである。撮影した理由に関して、「地震の揺れで、これ、確実に倒れるんじゃないかな」という声があがった一方で——ただし、底部が基盤に固定されていたことを、このとき児童たちは現場で確認することができていなかった——、「災害時になると、飲み物が取り出せるから、これ、敵ではなくて味方だよね」という声もあがった。これは、サバイバビリティ・クリティカルに根差したタフな発想だと言えるのかもしれない。一面的なものの見方をしていない点において、良いディスカッションが成立していたものと考えられる。

　もうひとつは、「公衆電話」[3]（**写真4-7**）である。撮影した女子児童は大学生

写真 4-6　自動販売機

写真 4-7　公衆電話

写真 4-8　野良猫

　の記録用カメラに向かって、「お兄ちゃんに、テレホンカードっていうものを
もらったので、わたし、これの使い方を知っている」、「学区には2カ所、公衆
電話があるんだよね」とスピーチしていた。これを聴いた大学生のほうが、
「へ〜、よく知ってるね〜」と、驚いているようであった。教室のなかであれば
決して共有できなかったであろう生きた情報を、現場でまなび合うことができ
たものと考えられる。同じグループに所属していた児童よりも、おそらく大学
生のほうが、新たにまなぶことができた瞬間であった。公衆電話をデジタルカ
メラにおさめた女子児童の、得意そうな笑顔が印象的であった。
　そして、さいごは、子どもたちが「ベストショット」として選んだ写真を紹
介しよう。それは、塀の上で休んでいる「野良猫」だった（**写真 4-8**）。子ども
たちによれば、"災害時の癒し"になるからだという。
　この結果に一番驚いていたのは、筆者だったのではないかと思う。本当の被
災地において、子どもたちは、何を見て、聞いて、そして何を感じるのだろう
か……。ひょっとすると、自分たちと同じように棲み処を失って所在なく過ご
している野良猫にこそ、こころを寄せるものなのかもしれない。大人たちは、
「復興」に向けて大忙しである。子どもたちの気持ちに寄り添っている余裕な
んてないだろう。もちろん、実際にはどうなるか、わたしには、わからない。
だから、教室で、児童たちを前にして、きちんとリプライすることができな
かった。そしていまも、このピントが合っていない、ビミョウな構図の野良猫

の写真を、こころに留めておくことにしている。ありがたいことに、こうして
また、子どもたちからまなばせてもらった。

2　防災川柳のアナリシス

　防災教育の出前講座や課外授業などを実施した場合には、質問紙調査によっ
て、児童や生徒が新たに獲得できた知識がどれほどあるのか、プラスの意識変
容を及ぼすことがどれほどできたのか、プレ／ポストで比較することもよくあ
るだろう。しかし、このようなワンウェイの「調査」は、子どもたちからすれ
ば、結局は自分たちが「試験」（実験）されているような嫌な気持ちをいだくこ
とも多く、最終的にはネガティブな印象を残してしまう危険さえもある。「モ
ルモットにしないでくれ！」、「論文のネタになればよいなんて思うなよ！」。
往々にして、モデル事業の実施担当者（特に研究者）たちは、アンケートを回収
したら"お役御免"であり、もう二度とフィールドには戻ってこないのだ。こ
のようにして、「調査をしたこと自体の効果（インパクト）」が内省的に測定さ
れることなどないままに、イノセントを装った論文や報告書が量産されていく。
　このような問題意識を胸に刻んで、子どもたちのまなびを大勢の人たちと共
有し、そのことのインパクトを実証的に測定するようなチャレンジをしてみ
た。共同実施校は、京都府船井郡京丹波町にある、丹波ひかり小学校である。
　2021年度、コロナ禍のさなかにあって、感染症対策を徹底しながら、原則
として対面式の防災特別授業シリーズをおこなった。対象は、5年生である。
この年度は単学級で、児童数は34名であった。実施回数は、年間7回で、毎
回2時限を連続して使用した。前半（1限目）は、クイズをしながら基礎知識
を身に付ける内容となっていて、後半（2時限目）は、実験などの演習やワー
クショップで構成した。テーマは、地震や火災、豪雨災害などであるが、地域
の特性をふまえて、土砂災害に関して詳しくまなべるようにしたのが特徴的で
ある（**表4-1**）。地盤工学がご専門の小山倫史関西大学教授とタッグを組んで、
大学生にも多数参加してもらいながら、堤防が破堤するメカニズムや地盤が液
状化するリスクなどについても学習している。おそらく、児童たちからすれ
ば、ときに「言っている内容が高度すぎて、わかんない！」……だったはずで

表4-1 丹波ひかり小学校 防災特別授業シリーズ（2021年度、5年生）

月	日付		
6月	6月4日	防災・災害って、なに？	防災川柳に挑戦！
	6月22日	地震について学ぼう（クイズに挑戦！）	非常用持ち出し袋に何を入れる？
7月	7月9日	火災について学ぼう（クイズに挑戦！）	火災クイズを作成する
	7月16日	土砂災害について学ぼう（クイズに挑戦！）	土石流実験
9月	9月17日	大雨について学ぼう（クイズに挑戦！）	破堤実験映像
11月	11月2日	液状化について学ぼう	ペットボトルを使って液状化実験
	11月19日	ふりかえりワークシートの記入	防災川柳に再び挑戦！

ある。大学生からしても、「まじで、難しかったっすね」と感想が漏れるほどであった。しかし、「これはなかなか手ごわいテーマだぞ」という"肌触り(texture)"をそのまま体感してもらうために、教員側は本気で"汗をかきながら"授業をしてみた。だから、舞台裏の事情をすこしだけ開陳すれば、教員側にとってこそ、まさに試練の連続であった。

　また、神戸市の真陽小学校の実践事例（おもに第2章を参照）や和歌山県有田郡広川町の広小学校の実践事例（第3章第1節を参照）と同じ手法を取り入れて、防災版の学校だよりを作成して、全校児童に配布するようにした。ただし、やや内容が高度であるため、丹波ひかり小学校のバージョンでは、おもに保護者に向けてのお便りという体裁になっている（**図4-4**、**図4-5**）。

　さて、これらの取り組みの効果を見てみよう。データは、授業シリーズの最終回に、「振り返りワークシート」に児童が自記するかたちで採取している。

　防災関心度の変化に対する質問に対しては、およそ9割弱がポジティブな回答であり（**図4-6**）、今後も防災のことをまなびたいかという学習意欲に関しても、7割弱がポジティブな回答であったことから（**図4-7**）、総体としては、実践自体が大失敗していないであろうことは推認できる。

　ところで、この防災特別授業シリーズが「家庭で話題となった」回数を尋ねたところ、大勢の児童が、複数回、話題にのぼっていたことを教えてくれた（**図4-8**）。この頻度や割合に関しては、他校での経験をふまえると、好印象であったものと評価することができる。もちろん、丹波ひかり小学校におけるベースラインとなるようなデータが手元にないために、軽々に判定することは

図4-4 防災版学校だより「みんなのぼうさい」（第5号）

図4-5 防災版学校だより「みんなのぼうさい」（第6号）

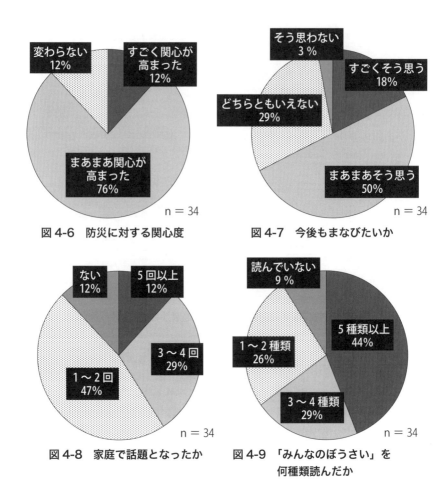

図 4-6 　防災に対する関心度

図 4-7 　今後もまなびたいか

図 4-8 　家庭で話題となったか

図 4-9 　「みんなのぼうさい」を
何種類読んだか

できないのだが、一定の（潜在的な）波及効果もあったのではないかと考えられる。

　児童たちは、なかなか難しい内容が記載されている防災版の学校だよりを、気合いを入れて目にしてくれていたようであった。そこで、「みんなのぼうさい」の閲読累計回数（種類）を尋ねてみた。その結果、半分以上の号を読んでいた児童が、全体の過半数を占めていたことがわかった（**図4-9**）。これは、うれしい驚きであった。

表4-2　どれくらい「勉強になったか」　児童たちの自己採点

		1点	2点	3点	4点	5点	Ave.
第1回前半	イントロ	0	1	14	9	10	3.824
第1回後半	防災川柳	0	3	10	11	10	3.824
第2回前半	地震クイズ	0	1	5	14	14	4.206
第2回後半	持出袋WS	0	1	5	7	21	4.412
第3回前半	火災クイズ	0	1	2	5	26	4.647
第3回後半	火災クイズ作成	1	4	4	9	16	4.029
第4回前半	土砂災害クイズ	0	0	7	8	19	4.353
第4回後半	土石流実験	0	0	3	3	28	4.735
第5回前半	大雨クイズ	0	1	2	10	21	4.5
第5回後半	破堤実験映像	0	1	1	10	21	4.545
第6回前半	液状化	3	1	3	9	16	4.063
第6回後半	ペットボトル	0	0	5	2	27	4.647

　それでは、児童たちは、どの授業回が、どれほど勉強になったと受け止めているのだろうか。とても勉強になった回を5点、そうではない回を1点として、5点満点で自己採点してもらった。すこし細かく付記しておくと、点数を記入する際に、教室内では児童に対して、5点が「すごく勉強になった」、3点が「まあまあ」、1点は「いまいち」であるとインストラクションしていたことから、特に低いスコアに関しては、児童によってニュアンスに振れ幅がある点、留意しなければならない。したがって、データを解釈する際には、ハイスコアが占める割合と、スコアの分散が重要な指標となるだろう。結果を、**表4-2**に示す。なお、第7回は振り返りの授業を実施した回なので除外してある。

　結果を見てみると、第4回後半のアベレージが、最高得点を示していた。土石流が引き起こされるメカニズムをまなぶために、理科室に雨どいを持ち込んで実験した回である。34人中28人が5点満点を付けていて、1点や2点を付けた児童がいなかったことからしても、きわめて満足度・充実度が高かった授業であったことがうかがえる。

同率2位となっている「火災クイズ」と「ペットボトル」は、前者は、大学生が登場する動画を使った火災に関するクイズに挑戦した授業、後者は、ペットボトルで作成した液状化実験器具を大学生に手ほどきを受けながら使ってみた授業であった。いずれも、大学生の存在感が大きかった回であることから、クイズの参加感や実験の手触り感に加えて、大学生と一緒に取り組んだという経験が、満足度・充実度を引き上げていたのではないかと考えられる。

　さて、それでは、いよいよ子どもたちに対する実践のインパクトを確認してみよう。ここで使用するのは、「防災川柳」である。防災川柳とは、読んで字のごとくであるが、防災に関する決意や思い、"ぼやき"や"あるある"などを、5・7・5の17音で詠んだものである。季語などの決まりに縛られることもなく、端的にいえば"何でもあり"の無手勝流を尊重する。個性が発揮される余地が大きいために、作品を"詠みあいっこ"すると、「なるほど、そういう観点があったのか！」という気付きも多く得られて、楽しく意義深いワークショップ（授業）となる。筆者の研究室では、いろいろな場面で、子どもたちやお年寄りたちと防災川柳づくりを楽しんできており、ケーブルテレビやコミュニティ FM 放送などで広く情報共有をおこなったこともある。

　丹波ひかり小学校の防災特別授業では、第1回の後半に、さっそく実施した。すてきな作品は、防災版学校だよりにも掲載した（**図4-10**）。そして、第7回の後半にも作句する時間を設けて、披露し合った。なお、たまたまではあるが、この授業をおこなう直前に、児童たちは俳句をつくる学習をしていた。したがって、17音にまとめることに関しては、苦もなく取り組めていたようである。

　児童が詠んだ防災川柳を、BEFORE ＝第1回と、AFTER ＝第7回で比較してみたのが、**表4-3** である。防災特別授業シリーズでまなんできたことが、ここに、図らずも表出しているのが見て取れる。

　まず、**表4-3** の左側の列、初回の作品群を眺めてみると、"一般的な意味における防災"の句としては、どれも上出来であると言えるだろう。「災害はいつ起こるか　わかんない」、確かにそうである。「用意はね　はやくしないといけないよ」、これも間違いない。「そなえよう　いまからしても　おそくない」、これも直球ストレートの内容である。児童たちのメッセージは、もとから

広げていこう、防災の輪！　育んでいこう、学び合いの輪！

みんなのぼうさい

創刊号　関西大学社会安全学部　近藤研究室・小山研究室
2021年6月　取材・撮影・構成：近藤ゼミ／監修：近藤誠司

「みんなのぼうさい」では、保護者の皆さまと、児童が学校で学んだ防災に関する情報・知恵・アイデアなどを共有してまいりたいと思います。どうぞよろしくお願い致します。

ごあいさつ：防災授業・始動しました

関西大学社会安全学部と京丹波町は、2018年に「安全・安心のまちづくり」を主眼にした、相互援助協定を結びました。

実は、それよりもずっとまえから、京丹波ケーブルテレビと協働して「火の用心CMキャンペーン」をおこなったり、質美地域の振興会と協働して防災プロジェクトを企画したり、京都府立須知高校と協働して防災授業を実施するなど、様々な取り組みを展開しています。

このような中、この春からは丹波ひかり小学校の5年生のみなさんと、防災に関する特別交流授業にチャレンジすることになりました。毎月2回ほど、地震・豪雨・土砂災害など、京丹波町にとって脅威となるリスクとどのように向き合っていけばよいか、こどもたちと一緒に学んでいこうと考えております。

ところで、まだコロナ禍に関しては油断できません。そこで、大学側も十分に対策・配慮を尽くして、慎重にのぞむことにしています。一歩一歩、手さぐりで進めていくことになるかと思いますが、引き続きどうぞよろしくお願い致します。

近藤誠司

防災川柳にチャレンジ

顔合わせをした最初の授業で、いきなり、防災川柳づくりに挑戦しました。5・7・5の17音で、防災の心構えや決意などを川柳にします。力作が、次々と生まれましたよ！

「防災川柳」　児童の優秀作を、いちぶ、紹介します！

災害だ　早く行こうよ　避難場所
覚えよう　自分の町の　避難場所
地震だよ　あたまを守れ　ざぶとんで
台風は　風がぶんぶん　気を付けて
川と山　雨が降ったら　近づかない
ガスコンロ　しっかりしめてね　火事対策

ちょこっと、解説

【解説】こどもたちの防災の関心度
授業をスタートする際に、こどもたちに「いま防災にどれくらい関心があるか本音を教えて！」というアンケートをしました。その結果が左の図です。約7割（ひょっとすると全員）自信をもって「関心がある！」とは言えない状態にあるようです。でも、それは普通のこと。これから1か月で関心の芽を育てましょう。

N=33

図 4-10　防災版学校だより「みんなのぼうさい」（創刊号）　防災川柳を掲載

表 4-3　防災川柳の傾向比較分析

Before	After
災害は　いつ起こるか　わかんない	気のゆるみ　地盤のゆるみ　要注意
用意はね　はやくしないと　いけないよ	液状化　電信柱　沈んでいる
そなえよう　いまからしても　おそくない	危険だよ　ハザードマップ　みておいて
京丹波　災害おきたら　すぐにげよう	土砂くずれ　危険そうなら　近づかない
ガスコンロ　しっかりしめてね　かじ対策	コンセント　ほこりたくさん　火事起こる
じしんはね　なにかをなくす　こわいもの	まもろうよ　ゆだんたいてき　こころがけ
漠然とした対象としての災害	具体的な知識の裏付けが見られる

らしっかりしているようである。ところで、内容に具体性を帯びている句となると、ごくわずかしかなかった。「京丹波」という地名が入っている作品（「京丹波　災害おきたら　すぐにげよう」）や、備えの手立てを詳しく詠み込んだ作品

（「ガスコンロ　しっかりしめてね　かじ対策」）などであった。そして、ここでも、「じしんはね　なにかをなくす　こわいもの」と言ったような、怖さ・恐ろしさ等、ネガティブなイメージを強調したものが多数含まれていた（**序章**を参照）。

　たとえば、前述した「京丹波　災害おきたら　すぐにげよう」という句には、児童がこれまでに受けてきた防災教育の成果が滲み出ているものと考えられる。即時避難の重要性を指摘した内容だからである。しかし実際の被災地においては、猶予時間がない津波避難のようなケースを除けば、発災当初は、まずは家族や近隣の人同士で救助活動や消火活動など、できるかぎりの助け合いを喚起・発動させることが求められるはずである。京丹波町のような中山間地においても、ただひたすら「にげる」という意識が強化されてしまっていることは、知識がローカライズされていない可能性を示唆している。防災の理念を、「自助」（self-defence）がすべてであるかのようにインプリンティングしていると、自分が窮地に立たされたときには、もはやあきらめるしかない――なぜならコミュニティの全員が、"だれかを助けるなんていう正直者はバカをみる"、世の真実は"逃げるが勝ち"なのだとまなんできているのだから――と教えるに等しい。自己責任の思想を金科玉条のものとするがあまりに、近年、やせ細ってきた共助の理念を、このようにしてさらに切り崩してしまう陥穽に注意しなければならない。

　さて、それでは、防災特別授業シリーズを終えてから詠まれた句には、どのような変化があったのだろうか。一瞥してわかるように（**表4-3**の右列）、まなんだことを巧みに散りばめて作句していることがわかる。「気のゆるみ　地盤のゆるみ　要注意」は、土砂災害（地盤工学）の知見をふまえており、しかも「ゆるみ」という言葉をユーモラスにリフレインさせた印象的な作品に仕上がっている。「液状化　電信柱　沈んでいる」は、叙景的で飾りがないぶん、言葉の流れにインパクトがある。地震によって大地が揺さぶられると、マンホールは浮き上がり、電信柱などの構造物は沈降することをまなんだ、その成果が凝縮された作品である。その他にも、「土砂くずれ　危険そうなら　近づかない」など、土砂災害に関する句が筆頭に並んでいることは、今回の防災特別授業シリーズの力点を、丹波ひかり小学校の5年生が、子どもたちなりに受け止めてくれた証左だと言える。

　ペーパーテストの穴埋め問題などではなくて、自作する川柳のなかに「ハザードマップ」や「コンセント」など、具体的な留意点を詠み込んでくれていることが、何よりも頼もしい。いくら抽象的に「備え」の必要性を説いたとしても、結局、何をしておけばよいのかわからないようでは困る。そもそも「必要性」などは、手を替え品を替え、教え込まなくても、頭ではすぐに理解できるものなのだ。そうではなくて、自分たちにとってのまなびにすること、わが身に引き寄せること、そうした「情報のオーナーシップ」(ownership) のあり方が問われている。わたしたちが生きている現場において、わたしたちにできることを探して、それをわたしたちの手で具現化していこうとすること、これらのことが防災の分野では要請されているのだ。このような思考の筋道を歩んできてはじめて、「まもろうよ　ゆだんたいてき　こころがけ」のような句に、"深み"が出てくる。句の中に、児童なりの"わが思い"が詰まっている——情報のオーナーシップがしっかり高まっている——ならば、ようやくまなびの成果があったものと評価することができるだろう。

　その後、丹波ひかり小学校の子どもたちが作った句のいくつかは、町の広報誌にも掲載されて、全戸配布された。まなびの輪を町中に広げてくれた子どもたちに、拍手を送りたい。子どもたちは、防災川柳という風変わりなメディアを生かして、防災を促進する活動の主役になった。

3　CREDO　〜言葉のアクションリサーチ〜

　災害対応の分野では、生死を分かつクリティカルな事態を想定している場面が多いため、「危険」、「リスク」、「死者」、「被災者」、「倒壊」、「浸水」といった言葉や、「警戒」、「注意」、「避難」、「孤立」といった言葉など、子どもたちにとってみれば、できればかかわりを持ちたくないようなワーディングが揃い踏みである。このことによるネガティブな効果（逆効果）があることを、本書では**序章**において提示しておいた。それでは、ただ単にネガティブ・ドライブを論難するのではなくて、そうした課題の方向性とは逆向きのドライブを生み出す新たな手法を開発することができないだろうか。そしてもっと言えば、子どもたちが防災の主人公であることを自覚し、一人ひとりが輝けるような共通体

験をなすことができないだろうか。

このような問題意識から、筆者の研究室で2015年度からチャレンジしているのが、「ぼうさいCREDO」というアプローチである[4]。「CREDO（クレド）」とは、ラテン語で、信条・約束といった意味を持つ。MOTTO（モットー）という言葉に置き換えることもできるだろう。企業・事業所などにおいては、多くの人の目にふれるところに「CREDO」——わが社の十箇条など——を掲げているところもあるようである。

「ぼうさいCREDO」のアクションでは、災害対応に関して、"自分としては、これぐらいのことならば力を尽くせる"、"最低限、これぐらいのことにトライしていきます"といった意気込みを、ワンフレーズで宣言してもらうことを出発点とする。たとえば、「わたしは津波警報を察知したら、率先して避難します」とか、「避難所が開設されたら、炊き出しを手伝います」とか、「けがをした人がいたら、応急手当てをする作業を手伝います」等である。

この取り組みのねらいは、一義的には、ネガティブ・イメージの"うしろ向き"の言葉に埋め尽くされた防災実践のフィールドを、反転して、ポジティブ・イメージの"前向き"の言葉によって、意識的に中和させてバランスすることにある。そこで、神戸市真陽小学校（第2章を参照）において、さいしょに試みたのは、子どもたちに自分なりの「CREDO」を書き出してもらうことであった。高学年児童が記入した言葉をすこし眺めてみよう。

小5男子児童のCREDOは、意欲満々である（図4-11）。災害が起きたとき、弟の面倒やペットの世話をして、さらに、「お母さんのおてつだいをする」とある。これらは普段はしっかりできていないことかもしれないが、それでも力強く宣言してくれた。とても頼もしい。

小5女子児童のCREDOは、さらに、具体的で行き届いている（図4-12）。「パニックになっている人をおちつかせたり、泣いた子を泣きやませたりする！」とある。自分のことよりも、他人のことを気遣っている点において、先述した男子と同じく、頼もしい。「家を無くしたりしょんぼりしている人がほとんど」という具体的なイメージを持ち、そこで終わらずに、「出来る事をやって、少しでも人を笑顔にさせる！」と書き切ってくれた。

このような言葉を表出し合うと、お互いの前向きな心持ちが見えてくるし、

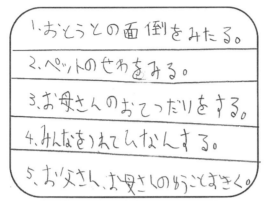

1.おとうとの面倒をみたる。

2.ペットのせわをみる。

3.お母さんのおてつだりをする。

4.みんなをいれてしなんする。

5.お父さん、お母さしのゆうことをきく。

図 4-11　小学生５年男子児童の「ぼうさい CREDO」（2015 年度）

1.パニックになっている人をおちっかせたり、
泣いた子を泣きやませたりする！

2.犬のおせわをしたり、本当にこれを食べていい
かとか考えながら行動する事なら出来ると思う

3.家を無くしたりしょんぼりしている人がほとんどだ
と思うからクイズをしたり心理テストをしたり、集会で
やて出来る事をやて少しでも人を笑顔にさせる

書いたやつ全部がんばります。

図 4-12　小学生５年女子児童の「ぼうさい CREDO」（2015 年度）

それらを重ねやすくなる。子どもたちの CREDO に力をもらったのは、一義的にはもちろん、教室にいた子ども同士であったのだが、教師や保護者たち、すなわち、大人のほうでもあったものと思われる。この取り組みを発展させて、2015 年度には、真陽地区の自主防災組織とコラボレーションして、「ぼうさいCREDO」カレンダーを作成した。民生・児童委員さんたちや神社の氏子さんたち、商店街のみなさんが月替わりで登場する構成であった。このなかで一番好評だったのは、子どもたちが CREDO を掲げているページ（３月が女子児童た

写真 4-9　小学生 5 年生の「ぼうさい CREDO」（2018 年度，筆者撮影）

ち、5 月が男子児童たち）だった。子どもたちが、真陽地区の未来のために前向きな言葉を表出してくれていることに、大人たちは心底、励まされたのだった。

　写真 4-9 は、地元の新聞社が、東日本大震災のメモリアルデーが近づいてきたことに合わせて、防災教育の最前線を取材するために真陽小学校を訪れた際の様子である。このときも、子どもたちは「ぼうさい CREDO」を掲げた。一人ひとりの CREDO は十人十色で、もちろん自分の言葉（My CREDO）である。しかしそれが集まると、他者の言葉が自分の言葉とも反響し合い、やがてみんなの言葉（Our CREDO）になる。「情報のオーナーシップ」という観点からすれば、知らないうちに my が our になること、自助が共助に昇華していることが重要である。わたしはあなたにつながっているし、あなたはわたしにつながっている。そうして、おのずから「みんな」が形成されている。「みんな」という言葉を、ただ抽象的な集団として措定しても力にはならない。みんなは、everyone である。特個の一人ひとりが集まって「みんな」になることを

感得することから、「(地域) 防災」を始めなければならない。

　さて、このように考えてくると、「ぼうさい CREDO」のアプローチは、手軽な防災実践の入り口にも成りうるし、自分たちの足場を確認することもできるし、さらに、達成度・成熟度を測定する手がかりにもなることがわかるだろう。こうして真陽小学校の児童たちは、「北風型」の防災におびえるだけでなく、「太陽型」の防災に気を紛らわせるだけでもなく、防災の主人公になる機会を掌中におさめていった（序章を参照）。

　この節を結ぶにあたって、「ぼうさい CREDO」のポテンシャルを列挙しておこう。

防災実践に対するチャネルを増やす

　防災実践においては、もちろん、現状の不足や欠陥、弱点や課題を指摘し合い、問題点を共有したうえでそれらを克服していく作業をなすことは必要不可欠である。だから、ネガティブな言葉を禁忌として避けていればよいというわけではない。しかしそれでも、防災業界における目下の状況を見るかぎり、"できていないこと"、"できないこと"をあげつらう言説が、防災に背を向ける人を生み出し続けているのも事実である。そこで、まずは"できそうなこと"にフォーカスしたアクションに転じれば、これまで防災訓練に参加することさえ腰が引けていたような人でも、こころのハードルは下がるはずである。「ぼうさい CREDO」は、紙とペンさえあればだれでもすぐに実行できる。

助け合い行動を促進する

　他者の「CREDO」の内容を見ることによって、「ああ、それぐらいならば自分にもできるなあ」といった気付きがあったり、「なるほど、それいいね」と感心してしまったりする場合がある。また、他者がAというアクションを宣言してくれているならば、その代わりに自分はBというアクションを宣言してみようと、発想をストレッチすることができる場合もある。このようにして「CREDO」が、"お互いさま"の関係性を——まずは、言葉のうえで、ではあるが——構築することもできる。

　また、多数の「CREDO」を収集した結果、アクションAやアクションBに

関する内容しか採取できなかった場合には、当該構成員たちが言葉にしていないこと——目をつぶりたがっているアクションＣ——の存在を浮き彫りにすることもできるだろう。

予言の自己成就

人は言葉を規定するが、言葉によって人は規定されもする。人は自身が発した言葉に拘束されて、ある一定の“責任”を果たそうとするからである。さらに、暗示の効果もある。Ｒ・Ｋ・マートンが提起した「予言の自己成就」(Merton, 1957) が、「ぼうさい CREDO」のアクションでも成立する可能性がある。

たとえば、すでに、防災実践の目標をワンフレーズで設定して、大々的に PR している自治体なども散見される。ひとつの掛け声のもとに多様なステイクホルダーを束ねて、目標の達成を志向している。宣言された言葉の内容が、実現するかもしれないまだ見ぬ“未来”を指示している。そこに参画・関与する大勢のステイクホルダーが共同で夢みるようになっていけば、その“未来”が本当に到来する可能性が高まっていくことだろう。このとき、言葉を可視化して共有しておくことが、次なるアクションの明解なステップボードとなるにちがいない。単に人々が“内心そう思っている”というだけでは、集合的な行動を持続的に喚起することは難しい。「ぼうさい CREDO」の束は、言葉のタイムカプセルとして保存され、本人を含むステイクホルダーたちに対して、具体的な“未来”の実現に向けて囁き続けることにもなるだろう。防災は、みんなの人生の総体を包摂する営みなのだから。

〈補注〉
1) デイヴィッド・ライアン (2022) の「蔓延するデータ主義」、「行き過ぎたデータ主義」というコンセプトにも注視しておこう。人々が、（科学的な）データという“情報”を介してしか接することができないような、近代以降の疎外された事態に関しては、筆者は次著で考察を展開してみたいと考えている。
2) 先行研究はたくさんあるが、まずは、こちらのホームページなどを参照するとよいだろう。http://photovoice.jp/
3) 最近は、公衆電話の使い方を知らない児童が増えている。また、最寄りの設置場所がすぐに思い浮かばない人も多いのではないだろうか。たとえば NTT 西日本に関し

ては、以下のウェブサイトで公衆電話の設置場所を検索することができる。https://www.ntt-west.co.jp/ptd/map/

4）「言葉のアクションリサーチ」という着想は、八ッ塚一郎（2014）の論考を参照している。また、八ッ塚の翻訳書、イアン・パーカーの『ラディカル質的心理学――アクションリサーチ入門』(2008) からも刺激を得ることができた。この場を借りて、謝意を表したい。

〈参考文献〉

デイヴィッド・ライアン（2022）『パンデミック監視社会』松本剛史訳，筑摩書房.

イアン・パーカー（2008）『ラディカル質的心理学――アクションリサーチ入門』八ッ塚一郎訳，ナカニシヤ出版.

ジェリー・Z・ミュラー（2019）『測りすぎ――なぜパフォーマンス評価は失敗するのか』みすず書房.

Merton, R. K (1957) *Social Theory and Social Structure*, New York: Free Press.

八ッ塚一郎（2014）「新聞記事言説による「いじめ」の社会的な構成と解離：助詞分析による検討」『社会心理学研究』29(3)，170-179.

第5章

防災を生きる

　本章では、児童ではなく、若者の成長に照準をしぼった内容を紹介する。対象の学齢・世代を引き上げることで、「四次元のまなび合い」（**序章を参照**）のコンセプトに含まれている、時間軸——into the past, for the future, in this life——の観点[1] が、より明確にハイライトされることだろう。

　第1節と第2節は、おもに大学生を対象としている。しかし、各節で、まなび方のアプローチが異なっている。第1節は、「災害ボランティア」という体験を通して、大学生自身がどのようなことをまなんだと位置づけているのか、質問紙調査（ウェブ・アンケート）をおこなった結果を分析する。一方、第2節では、「フィールドワーク」（様々な現場におけるアクションリサーチ）という経験を通して、大学生たちはどのようなことをまなんだと位置づけているのか、その一端を探索してみる。

　第3節は、若き防災推進者を対象としたヒアリング・データをひもとく。われわれが防災にコミットするということは、結局は、防災に関する子細の知識を獲得するということ（だけ）ではなくて、防災に真摯に向き合う先達の"生き様"をまなぶこと、「その人のように生きたい」と強く思うようになること、すなわち、「感染的な模倣（ミメーシス）」（**第3章第4節を参照**）が惹起されることである点を確認する。

　「防災をまなぶ」という身構えから「防災を生きる」という境地にまで飛躍したときにはじめて、われわれは真にまなびを深めている水準に到達したと言いうるはずだ。この主張は、まだ粗削りでチャレンジングなものではあるが、本章では、今後の見通しを得るための理路を半歩だけでも切り拓いてみたい。

1　災害ボランティアからのまなび

　日本では、1995 年に発生した阪神・淡路大震災を契機として、災害時には多数のボランティアが被災地に駆けつけ、救援・支援活動をおこなうようになってきている（渥美，2001）。この画期が、「災害ボランティア元年」とも呼ばれる所以である。そうした現場では、とりわけ大学生のプレゼンスが大きいと言われている。

　被災者と大学生ボランティアの関係は、一見すると「片務的な贈与」――大学生ボランティアが被災者に対して一方的に与えるだけ――のように見えるが、実は大学生の側も、人生における多くのまなびを被災者から受け取っているものと考えられる。そこでは、味わい深い「互酬的な関係」が成立している可能性がある。

　しかし、防災教育学の観点から、災害ボランティア活動が大学生に及ぼした教育的な効果を分析した実証的な調査は、まだ数が少ない。そこで本研究では、学生が主催するボランティア団体のなかでも歴史が古く規模の大きな「IVUSA　イビューサ (International Volunteer University Student Association)」に所属する大学生、ならびに、その OB／OG を対象としたフォローアップ調査をおこない、災害ボランティア活動のインパクトを分析することにした。

（1）　災害ボランティアという経験

　ところで、本論に入る前に、すこしだけ問題意識を確認しておこう。社会学者の大澤 (2018) は、内閣府が実施した「平成 28 年度版社会意識に対する世論調査」（内閣府，2017）を読み解くなかで、「社会の役に立ちたい」と思っている人が 2011 年を境に増えており、特に 20 代の若者層でその傾向が顕著に見られることに注意を促している。大澤の解釈によれば、東日本大震災のインパクトが、若者層の「社会志向」の心性を喚起しているのだという。

　こうした社会の動態と合致する考え方として、たとえば、木村・前林・舩木 (2011) は、大学生活（ないしは、大学のカリキュラム）において、社会貢献活動と教育を結び付けることの意義を唱えている。そして前林 (2009) は、上述し

た東日本大震災後の状況を先取りするかたちで、社会貢献活動の中心をなすの
は大学生のボランティア活動であることを指摘していた。本研究は、このよう
な問題意識を受け継ぎ、大学生を中心とした災害ボランティア活動のポテン
シャリティに関心を寄せている。

　ただしここで、災害ボランティア研究の第一人者である渥美（2014）が、災
害ボランティアの核心を「被災者の傍らにあって、あくまでも被災者を活動の
中心に据え、臨機応変に、被災者や被災地の支援を行うこと」と表現している
点にも目を向けておこう。「与える／与えられる」とか「助ける／助けられる」
といった能動・受動の関係性を止揚した地平に、すなわち、「互酬的な関係性」
か否かさえ意識されないほどに透徹した、中動態としての「共在性」が具現化
した地平こそが、ボランティア活動の原点であり、かつ終着点であることが期
待されているものと考えられる[2]。

　このことを念頭に置いたうえで、大学のカリキュラムの一環として大学生を
災害ボランティアに参画させる際には、その教育的な効果や意義を確かめなが
らプログラムを展開していく必要があるだろう。渥美（2014）が再三指摘して
いるとおり、事業推進・単位取得などの「目的」本位の取り組みは、「暴力性を
孕む被災者抜きの救援」に堕する危険があり、それはまさに「言語道断」と評
価しなければならないからである。

　加えて、大学生（若者）自身に対する正／負の影響も、考慮の埒外に置くこ
とはできまい。「被災地に行くべし」という規範を押し付けることが、かえっ
て疎外感を生む可能性もあるし、せっかくの訪問や活動において「共在性」を
実感・達成できなかったことが、長い人生において防災や復興を考え続ける契
機を奪ってしまう可能性すらある。防災教育学の観点からすれば、このような
アングルからも知見を積み上げていくことが求められるだろう。もちろん、繰
り返し確認しておけば、災害ボランティアの活動とは、原理的に言えば「被災
者とともにあること」なのであるから、年限を区切って拙速に事業評価や効果
測定をおこなおうとすること自体に、まずは謙抑的であらねばなるまい。

　そこで本研究では、災害ボランティア活動に参加した大学生本人がその経験
をどのように位置づけているのか、定量的な基礎データを採取して実態把握を
試みることにした。この点に関しても、すでに渥美（2011）は、「ボランティア

の動機」として抽出されたナラティブを、純粋な実証的データであるかのように誇張するのではなく、動機を問う者と問われる者とが「協働で構築していく物語」として読み解かなければならないと喝破している。この指摘をふまえれば、質問紙調査などによって採取された定量的・断片的なデータを分析することには、内在的な制約、原理的な限界が大き過ぎてあやういと言わざるを得ない。ただし、すでに矢守（2015）も指摘しているとおり、データが産出された"脈絡"（context）を保持するかたちでデータの実存的な意味を解釈すれば、分析対象のリアリティに肉薄できる道筋が開けてくる。

　今回は、このような指摘も参照して、後述するように、共同研究者（筆者の研究室所属のゼミ生）が所属していたボランティア団体を対象として、共同研究者の呼びかけに応じてくれたメンバーからデータの採取をおこない、共同研究者の解釈もふまえながら分析作業をすることにした。したがって、ごくミニマムではあっても、「当事者研究」（たとえば、浦河べてるの家, 2005）の一環としても位置づけることができるものと考える。

（2） IVUSA

　さて、当該調査は 2019 年度の冬に実施された。対象としたのは、「NPO 法人国際ボランティア学生協会 IVUSA（International Volunteer University Student Association）」に所属する 2019〜2022 年度卒業（見込み）の大学生、および、2016〜2018 年度に大学を卒業した OB／OG である。なお、本節で扱う数字等は、すべて調査当時のものである。

　この団体の歴史は古く、1993 年に設立された。英訳の頭文字を取って、通称「IVUSA（イビューサ）」と呼ばれている。2020 年 3 月現在、約 80 大学、約 3,500 人の学生が所属している。団体の活動内容としては、おもに①環境保護、②地域活性化、③国際協力、④子どもの教育支援、⑤災害救援をおこなっている。そのなかでも災害救援活動については、国内・海外を合わせて、すでに計 260 回以上の活動を実施してきた（NPO 法人国際ボランティア学生協会, 2020）。

　国内では、1993 年の北海道南西沖地震津波災害（奥尻島地震津波災害）に対する救援活動を皮切りに、地震・津波・水害・豪雪・噴火・竜巻など 66 の災

害に対して、36 都道府県 100 市区町村において活動をおこなった実績があるという。これまでに被災地に赴いた会員数は、延べ 1 万 2 千人を超える。家屋の片づけや泥の撤去、被災者のこころの支えとなる取り組みなどを展開してきた。なお、海外へは、1999 年の台湾集集地震に始まり、スマトラ島沖地震津波災害など、7 つの災害に対して 6 カ国 9 地域において、延べ 600 人近い大学生を派遣してきた。

　このように、長年の災害ボランティア活動の実績があることや、団体規模が大きいこと、学生主体で組織された団体であることなどから、大学のカリキュラム外の活動ではあるが、この団体の会員を調査対象とすることによって、大学生の被災地支援活動のインパクトを把握できるものと考えた。そこで、第27 期学生幹部役員である共同研究者が連絡を取り得たメンバーに協力を求め、質問紙調査を実施した。

　対象者のうち、OB／OG は全国各地に移り住んでいるため、本研究では

表 5-1　設問リスト

設問	質問項目	形式
1	活動の参加理由・きっかけ	複数選択式
2	参加回数	選択式
3	災害の種類	複数選択式
4	設問 3 の具体的名称や参加時期	自由記述式
5	被災から活動までの経過期間	選択式
6	活動内容・被災地での体験	自由記述式
7	印象深い体験・エピソード	自由記述式
8	考え方や行動の変化	選択式
9	設問 8 の具体的内容	自由記述式
10	活動での学び	自由記述式
11	被災地で感じた感情	複数選択式
12	活動への参加は意義があったか	選択式
13	設問 12 の理由	自由記述式
14	活動にまた参加したいと思うか	選択式
15	この経験はその後の人生にプラスとなるか	選択式
16	設問 15 の理由	自由記述式

Googleフォームを使って、インターネットを介して、災害ボランティア経験の中身や印象、まなんだことや人生に対する影響の具合などを尋ねることにした。

設問は全部で 16 問あり、**表 5-1** に示すとおりである。

（3） 質問紙調査の結果と分析

2019 年 12 月に調査の呼びかけをおこなったところ、計 74 名（卒業生 37 名／大学生 37 名）から回答を得ることができた。調査に協力した対象者は限られていることから、データサンプルには偏りがある点、留意が必要である。以下に、災害ボランティア経験の影響度を考察するうえで重要となる設問項目を取り出し、集計結果を概括する。

なお、卒業生の多くはすでに就職をして様々な仕事に従事していることから、大学時代の経験の意味づけ方を、現在の自身の状況に引き寄せて、大きく更新——上書き、さらには忘却も——している可能性がある。たとえば、被災地を訪問してからずいぶん時間が経過したこともふまえて、災害ボランティアは小さな経験に過ぎなかったと捉えているかもしれない。そこで、いくつかの回答結果に関しては、卒業生と大学生とでグループを分けて、クロス集計をおこなった。

それでは、順に見ていこう。まず、参加者がどのような理由で災害ボラン

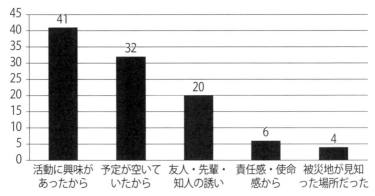

図 5-1　災害ボランティアに参加したきっかけ（n ＝ 74，MA，単位：人）

ティア活動に参加するに至ったのかを確かめた（**図 5-1**）。「初めて参加した時の理由・きっかけを教えてください（MA）」という問いに対しては、「もともと災害救援活動に興味があったから」という回答が 41 名と最も多く、全体の半数を超えていた（55.4%）。

　次いで 32 名（43.2%）と多かったのが「たまたま予定が空いていたから」という選択肢で、3 番目に多かったのは「友人・先輩・知人に誘われたから」という選択肢だった（20 名、27.0%）。もともと「責任感・使命感があった」と回答した人は、ごくわずかであった（6 名、8.1%）。きわめて "偶有的な出会い" が災害ボランティア活動の出発点になっていたことは、興味深い。

　次に「これまでの参加回数を教えてください」と尋ねたところ、「5 回以上」と回答した人は約半数の 35 名（47.3%）であった。次いで多かったのが「2 回以上 5 回未満」で 32 名（43.2%）という結果であった（**図 5-2**）。

　したがって、災害ボランティアの経験が複数回ある人は、回答者全体の 9 割を超えていたことになる。このことから、「1 度参加したら 2 度と行きたくない」といった拒絶的な態度が醸成されるようなケースは少なかったものと推察される。

　活動した被災地がどのような災害で被災していたのか、災害の種別を確かめたところ（MA）、「水害」という回答は 74 名全員がマークしており、結果は

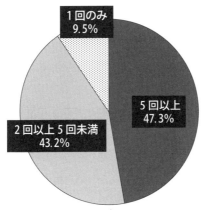

図 5-2　災害ボランティア活動の参加回数（n = 74）

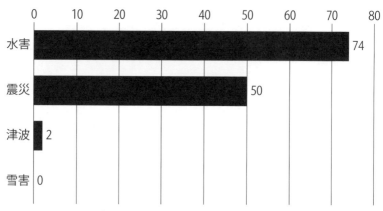

図 5-3　ボランティア活動をおこなった被災地の災害種別
（n = 74，MA，単位：人）

100％となった（**図 5-3**）。自由記述欄を確認したところ、現役生も卒業生もほとんど全員（74 名中 71 名、95.9％）が「西日本豪雨（平成 30 年 7 月豪雨災害）」の被災地支援を経験していた。

　「水害」に次いで多かったのは「震災」の支援で、50 名、67.6％を占めていた。自由記述欄を確認したところ、2018 年 6 月に発生した「大阪北部地震」の際には、74 名中 48 名（64.9％）が活動に参加していた。

　なお、調査対象者の在学年度が 2014 年以降となるため、「東日本大震災」の支援活動を経験していた人は 2 名のみ（2.7％）であった。

　「被災地に赴いたのは災害が起きてからどの程度経ってからでしたか？」という設問によって、発災時期から活動時期までのタイムスパンを調べた。その結果、「発災から 1 カ月以内」に被災地に入って活動をおこなったという人は、回答者全体の 8 割を超えていることがわかった。一方で「3 カ月以上」という回答は 2 名（2.7％）と、ごくわずかであった。

　「そこでの活動内容、現地の体験をできるだけ具体的に教えてください」という自由記述式の回答欄には、「床上・床下の泥かき」や「家財運び」といった力仕事に該当する内容が最も多く見られ、全体の 68 名（91.9％）を占めていた。また、被災地域の住宅をまわって「被害状況の調査」をしたり、被災者の

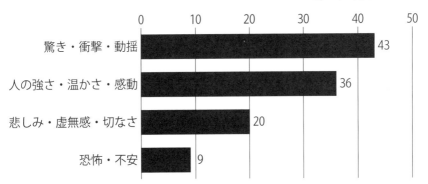

図 5-4　災害ボランティア活動時にいだいた感情の種別（n = 74，MA，単位：人）

「ニーズの収集」をしたりした学生が 22 名（29.7%）いた。さらに、「ボラン
ティアセンターの運営補助活動」を経験した学生が 5 名（6.8%）、「避難所運営
のサポート」を経験した学生が 2 名（2.7%）いたことがわかった。

　初めて被災地を訪れた際、どのような感情を強くいだいたか、感情の種別を
複数選択可の形式で尋ねたところ、以下のような結果が得られた（**図 5-4**）。

　最も多かったのは「驚き・衝撃・動揺」というショックを受けたことを示す
回答で、全体の 6 割近くにのぼっていた（43 名、58.1%）。実際に被災地を訪れ
て被害の状況を目の当たりにしたとき、その激しさに驚いたり衝撃を受けたり
した人が多かったことが推察される。次に多かったのは、「人の強さ・温か
さ・感動」といったポジティブな感情を表す回答で、半数近くの人がマークを
していた（36 名、48.6%）。

　そして、「悲しみ・虚無感・切なさ」が 20 名（27.0%）、「恐怖・不安」が 9
名（12.2%）となった。被災地での活動において、ポジティブ・ネガティブ、
ない交ぜの感情をいだいていた人が数多くいたことが推察される。

　「総合的に見て、災害救援活動に参加してよかったと思いますか？」という
設問に関して五件法で回答を求めたところ、**図 5-5** に示す結果となった。

　「とてもよかった」、「よかった」という回答の合計が 9 割を超えており、大
半を占めていた（67 名、90.5%）。残りはすべて「どちらとも言えない」という
回答であり（7 名、9.5%）、「悪かった」、「とても悪かった」というネガティブ

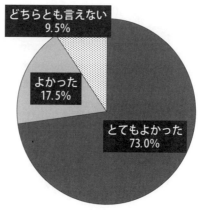

図 5-5　災害ボランティアの経験に対する自己評価（n ＝ 74）

な自己評価は皆無であった。

　各選択肢における OB／OG と現役大学生の内訳は、「とてもよかった」が OB／OG ＝ 24 名に対し、現役大学生＝ 30 名、「よかった」が OB／OG ＝ 8 名に対し、現役大学生＝ 5 名、「どちらとも言えない」が OB／OG ＝ 5 名に対し現役大学生＝ 2 名であった。両グループの回答傾向には、大きな違いは見られなかった。

　次に、災害ボランティア経験が本人にどのような影響を及ぼしたのかを確かめるために、まず「被災地に行った際、自身の考え方やその後の行動に何か変化はありましたか？」と尋ねたところ、9 割以上が「あった」と回答した。

　そこで、変化の内容を自由記述形式で尋ねたところ、回答欄には数多くの記述が寄せられた。これらを精読したうえで、類似する回答内容を KJ 法の要領（川喜多，1967; 1970）でグルーピングした。回答内容が複数の項目に該当している場合には、重複して集計をおこなっている。その結果を、**表 5-2** に示す。

　回答のなかで一番多かったのは、「防災や共助に対する意識が高まった」という内容であった。また、次に多かったのは、「災害が自分ごとであるという意識が高まった」であった。なかには、調査時までの間に、災害に対する備えを進めていた人も複数いた。これらのことをふまえると、全般的には災害ボランティアの経験が若者たちの防災意識を強化したように見える。発災後まもな

表 5-2　災害ボランティア経験後の変化（n = 74, MA, 単位：人）

防災や共助に対する意識が高まった	33
災害が自分ごとであるという意識が高まった	27
被災者への接し方（人との接し方）	8
日常を大切にすること	6
正義感の増進	5
ボランティアは被災者が頑張るきっかけになれるのではという考え方	3
現地へ足を運ぶことの大切さを知った	3
災害の恐ろしさを知った	2
活動をおこなった被災地に対する思い入れが強くなった	1
非力な自分へのもどかしさ、自己満足なのではという疑念	1
災害ボランティアのあり方に対する疑問	1
なし	6

く、泥かきなどの力仕事にあたった大学生の多くは、被災地の光景を目の当たりにして「備えの重要性」が強く印象づいた可能性が示唆される。

　上記以外には、「被災者への接し方（人との接し方）」における気付きを得たとする回答や、「日常を大切に生きたい」と思うようになったという回答が多かった。

　なお、変化が「なかった」と回答した人のなかには、「いい意味でなかった。活動をし続ける意味を見出し続けることができた」といった記述も見受けられた。変化が「なかった」と答えた人は、OB／OG ならびに現役大学生において両者同数の3名ずつで、両グループにおける大きな違いは見られなかった。

　「活動の中でまなびはありましたか？」という自由記述形式による設問では、多岐にわたる回答内容を採取することができた。この設問の分析においても、回答を精読したうえで、類似する回答内容をKJ法の要領でグルーピングした。回答内容が複数の項目に該当している場合には、重複して集計をおこなっている。

　災害ボランティア経験によるまなびの内容として、回答群から生成することができたカテゴリーは、以下の9種類となった（**図 5-6**）。該当人数が多い順に記すと、「何らかの知識、スキル」（25名）、「災害に備える大切さ」（18名）、「災害ボランティアの社会的意義」（12名）、「災害ボランティアのあり方」（12

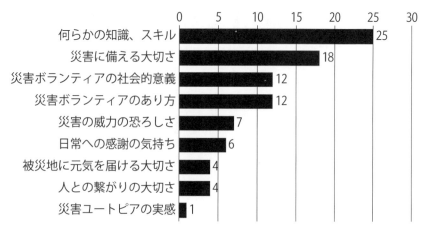

図 5-6 「災害ボランティア経験によるまなび」のカテゴリー
(n = 74, MA, 単位：人)

名)、「災害の威力の恐ろしさ」（7名）、「日常への感謝の気持ち」（6名）、「被災地に元気を届ける大切さ」（4名）、「人との繋がりの大切さ」（4名）、「災害ユートピアの実感」（1名）であった。

　ここでは上位3項目について、回答内容の子細を確認しておこう。最も該当人数が多かったカテゴリー、「何らかの知識、スキル」（25名）の回答内容を確認してみると、「被災した際の行動の仕方や対処法などが身についた」、「災害時の自治体の動きや流れを知ることができた」、「土嚢袋の作り方や壁の消毒方法、災害時の罹災証明のことなどを学べた」など、具体的な知識やスキルを身につけることができたという実感が数多く見受けられた。

　また、「災害に備える大切さ」（18名）というカテゴリーの回答内容は、「失われた日常があることを目の当たりにし、自分の身にも起こり得るというわがこと意識を身につけるきっかけになった」、「自分が住む地で災害が起こると想定していない人がすごく多いことに気付いた」、「備えの大切さや普段からの意識の大切さをあらためて学んだ」など、災害を自分ごととして捉え、あらためて防災の重要性を感じたことを吐露しているものが含まれていた。なお、そうした自身の意識変化をふまえて、「災害に対する備え」の行動を実際に進めたとする回答も複数（3名）あった。

　「災害ボランティアの社会的意義」（12 名）というカテゴリーの回答内容は、たとえば、「微力であったとしても、学生にもできることがたくさんあるとわかった」、「被災者の方と話して、力になれているんだと実感できた」など、実際に被災地に赴き、被災者と交流することにより、災害ボランティアの社会的意義を実感できたという述懐であった。

　ところで、先述した「活動によって自身の考え方や行動に変化」が「なかった」と回答していた 6 名に関して（再び、**表5-2** を参照）、当該設問ではどのように回答していたのか確認してみた。その結果、必ずしもまなびがゼロだったというわけではないことがわかった。まず、「行く前から考えていた意義が実感できたので、いい意味で学びはなかった」という回答があった。他には「日常生活における変化はなかったが、被災地での臨機応変な対応力を学べた」、「被災者に対する心遣いを学べた」、「自分が無知であることを学んだ」、「ひとりの力は小さいが、全く力になれないわけではないことを学んだ」という回答があった。

　唯一、まなびに対して否定的だった回答として、「被災地のための活動であるため、おこなったからといって自身が変わるものはない」という回答があった。

　まなびの内容について、OB／OG と現役大学生で回答傾向に違いがあるか、

表5-3　災害ボランティア経験によるまなび（n = 74，MA，単位：人）
**　　　　OB／OG = 34 名、大学生 = 34 名**

OB/OG		大学生	
何らかの知識、スキル	12	何らかの知識、スキル	13
災害に備える大切さ	9	災害に備える大切さ	9
災害ボランティアの社会的意義	7	災害ボランティアの社会的意義	5
災害ボランティアのあり方	7	災害ボランティアのあり方	5
被災地に元気を届ける大切さ	2	災害の威力の恐ろしさ	6
日常への感謝の気持ち	2	日常への感謝の気持ち	4
災害の威力の恐ろしさ	1	人との繋がりの大切さ	4
災害ユートピアの実感	1	被災地に元気を届ける大切さ	2

グルーピングの結果を比較してみた（**表5-3**）。本章の冒頭で述べたとおり、卒業生は就職をして仕事に従事していることから、大学時代の経験の意味づけ方を、現在の自身の状況に引き寄せて、大きく更新している可能性があるからである。

　該当人数が多かった項目は、上から順に4つ目までは、両者（OB／OGと現役大学生）で完全に一致していた。全般的に見て、大きな違いを確認することはできなかったのだが、「災害の威力の恐ろしさをあらためて実感した」という回答は、OB／OGが1名、大学生は6名という結果で、後者のほうが相対的に高い比率を示していた（OB／OG＝2.9％、大学生＝17.6％）。

　「災害ボランティアの経験は、あなたのその後の人生においてプラスに働いた、もしくは今後働くと思いますか」という設問に対し四件法で回答してもらったところ、**図5-7**に示すとおりとなった。

　「そう思う」と回答した人だけで9割近くを占め（64名、86.5％）、「どちらかと言えばそう思う」（10名、13.5％）と合わせると回答者全員が人生にポジティブな影響を及ぼすと考えていることがわかった。

　この設問における卒業生と現役大学生の回答内訳を確認したところ、「そう思う」と回答したOB／OGが31名で、現役大学生は33名であった。「どちらかと言えばそう思う」は、OB／OGが6名で、現役大学生が4名であった。こ

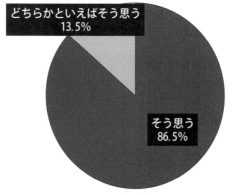

**図 5-7　「災害ボランティア経験が人生にプラスに
働くと思うか」の回答（n = 74）**

こでも、OB／OG と現役大学生、両グループの回答傾向に、特段の違いは見られなかった。

　今後の人生において、何がどのようにプラスに作用すると認識しているのか自由記述欄を読み解くと、わが身に引き寄せた多様な考え方があることがわかった。

　まず、「仕事・職業」を想起した回答内容では、OB／OG と現役大学生とで、そのイメージの具体性には違いがあったものの、いずれにおいても災害ボランティアの経験をダイレクトに生かそうとする意志が見受けられた。たとえば、「大学卒業後も災害救援等にかかわる仕事に就く」、「福祉職として人を支援するときもこの気持ちを忘れたくない」などである。

　次に、前述したような自身の「変化」や「まなび」を、これからも保持していこうとする考えも数多く示されていた。「日常生活での感謝の気持ち、相手に対する思いやりの気持ち」を大切にしたいという決意や、「人のことを思う・考える力、判断力が養われるため、社会に出ても役に立つ」といった矜持などである。

　そして、プラスの経験の意味や価値をいまでも追求し続けている人たちもいることがわかった。「ただのうのうと生きるだけのはずだった人生が、災害を知った人生になった」、「学びを言葉にするのは難しいです。でも確実にあります」、「知識だけでは知り得ないことまで知っているということが人生の深みになるとおもう」などである。

（4）　人生のなかの防災

　本節では、大学時代における災害ボランティア経験の影響を確かめるため、Google フォームによる質問紙調査の結果を概観してきた。災害ボランティアの経験者たち自身が認識しているインパクトの内実は、本研究で得られたデータを読み解くかぎりにおいて全般的にポジティブであり、多くは「（災害に対する）備えの重要性」、すなわち、防災に直結していた。しかし、子細に見てみれば、影響は多岐にわたっていることがわかった。そして、人生観・価値観を変えるほどに強いインパクトがあったと実感している人もいることが確かめられた。この点は、調査協力団体の学生役員だった共同研究者の実感とも重なるも

のであった。

　もちろん、被災地の衝撃はネガティブな感情を呼び覚ますこともあり、一部ではあるが、嫌なこと、怖いと思ったことのほうがより強く印象に残り、悲しみや苦しみがこころの傷になった人もいたようである。しかし、「今後、災害が起きた際はまた活動に参加したいと思いますか」という設問に対して、実に70名（94.6％）がyesと回答していたことから見ても、災害ボランティアという経験は、日常を漫然とやり過ごすことに慣れ切った若者に「生きることの意味」を考える契機を与え、「いまを生きる力」を充填してくれるものである可能性が高い。

　本節の冒頭では、渥美（2014）の指摘をふまえて、「ボランティアの動機」は、調査者と被調査者が協働的な語りを通して構築していくものである旨、述べておいた。この視座の不足を補うものとして、共同研究者は、ボランティアの参加理由の第2位に「予定が空いていたから」がランキングされていることに注目して、その実存的な意味を解釈しようとしている。それはすなわち、大学生は、高い志などを持って災害ボランティアに参画するというよりも、「新たなる何か」（something new）を求めて、衝き動かされるようにして行動していることも多いということである。そのような思考の筋道は、「それが何のためになるのかわからないからこそやってみる」ことであると言い換えてもよいだろう。偶有性は、このような場面にも、陰に陽に作用している。

　レトロスペクティブなアンケートにおいては、「動機」が現時点のコンテキストによって「変容」、もしくは「偽造」されることも多分にありうる。今回の調査においても、そのようなコンタミネーションのたぐいを回避できたとは思わない。しかしすくなくとも、共同研究者と調査協力者74名の関係性がベースとなって、率直な回答が数多く寄せられたものと受け止めている。

　しかし本研究では、災害ボランティアの体験から数年以内の時点で調査したこともあって、影響の長期的な残存具合や、経験の積み重ねによる相乗効果・波及効果などに関しては何ら検討することができていない。今後、フォローアップするための調査を企図すれば、人生の危機や転換点において災害ボランティアの体験がどのように作用したのか（または、しなかったのか）、あらためて確認することができるだろう。もちろん、その際にも、調査対象者と協働的

に意味を探索することができれば、より深く真相に迫ることにつながるものと考える。

　人生というタイムスパンの中において、直接的に災害の被害を受けなかったとしても、われわれは、たとえば災害ボランティアを経験することを通して具体的な災害と向き合い、わが事として防災をなすようになることができる。防災をなすことを、自身の人生の中にフラットにセットすること。さらに、「防災というコンテンツをまなぶ」という縮こまった身構えを超克して、「防災（そのもの）を生きる」スタンスを"真似ぶ"（まねぶ）──感染し、模倣する──こと。そのような変転のための回路は、すこしばかり目を見開いてあたりを見渡せば、あちこちにあるのではないだろうか。

2　フィールドワークからのまなび

（1）　フィールドワークという経験

　筆者の研究室においては、学部のゼミナール（3〜4年次生）では、フィールドワークをおこなうことを最重要視している。広義に捉えるならば、「現場」に足を運んでおこなう作業はすべて「フィールドワーク」（fieldwork、野良仕事）ということになる。しかし本章では、「ともにコトをなすこと」、すなわち、アクションリサーチの身構えを保持した縦断的な協働的実践によって社会のベターメント（betterment）を目指す研究調査活動を「フィールドワーク」と呼ぶことにしたい。この観点を補強しておくならば、佐藤（2002）にも指摘があるように、「当事者でもなく調査者でもない、"第3の視点"が得られることが重要」であるものと考える。さらに矢守（2018）を引照すれば、それはすなわち、「共同実践者」・「共同当事者」というポジションのことである（なお、**第2章第1節も参照のこと**）。

　さて、上述したようなフィールドワークの定義を採用した途端、調査主体は、原理的には価値中立的な観察者のポジションに留まることができなくなり、調査対象者（調査協力者）と同じく、事態の渦中にいる「関係当事者」の位置を占めることになる。しかしこれまでは、何らかのアクション（独立変数／説明変数）の効果（従属変数／被説明変数）を検証する際には、調査対象者のみ

にスポットをあて、調査主体の側の影響は埒外に置く（なかったものとみなす）ことが多かった。たとえば、防災教育を実施した場合に、児童や教員や保護者の意識変化は調査したとしても、調査主体の側の意識変化にフォーカスしたりフォローしたりすることは、ほとんどおこなわれてこなかった。

　そこで本節では、ゼミナールにおけるフィールドワークによって、大学生がどのような影響を受けたのか、すなわち、「ともにコトをなすこと」による"まなび合い"のうち、普段はオミットされているもう片方のグループ——研究調査主体側——に照準して、その実相を探索することにした。

（2）　フィールドワークのインパクト

　ここで、理解の助けとなるように、関西大学社会安全学部近藤研究室のプロフィールをすこしだけ紹介しておこう。近藤研究室は「災害情報論」を専門とするゼミナールで、2014年度に開講された。フィールドワークを、全国各地で実施している（**表5-4**）。多くの現場では、ローカルメディアを活用した防災情報の発信に取り組んでいて、その効果を様々な手法で調査・分析し、現場に還元するようにしている。所属するメンバーは、学部の3〜4年次生で、各学年の人数は10名前後である。なお、プロジェクト・ベースの卒業論文を執筆

表5-4　おもなフィールドワークのプロジェクト・テーマ　2018年度当時

神戸市長田区真陽地区	校内防災放送プロジェクト
京都府船井郡京丹波町	CATVプロジェクト
滋賀県草津市	地区防災計画策定＆えふえむ草津プロジェクト
大阪府高槻市	日吉台コミュニティ防災活動支援プロジェクト
兵庫県尼崎市	難病団体連絡協議会活動支援＆エフエムあまがさきプロジェクト
和歌山県有田郡広川町	こども梧陵ガイドプロジェクト
福井県福井市高須集落	防災かわら版「たかすいかす」プロジェクト
徳島県徳島市津田地区	ふるさとCREDO写真集プロジェクト
福島県双葉郡双葉町	だるま1000プロジェクト
福岡県朝倉市平榎地区	九州北部豪雨避難行動調査プロジェクト

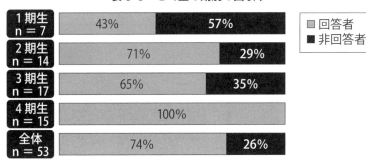

表5-5　ゼミ生の期別の回収率

する学生が、全体の8割以上を占めているのも、ゼミの特色と言えるだろう（残りは、理論的な文献研究や報道内容分析など）。

　さて、当該調査を実施したのは2018年度の秋で、集計・分析などの作業は、当時の3年次生（5期生）が担当した。1～4期生までは、総数53名で（大学院生を除く）、このうち、すでに卒業している学生は38名であった。

　フィールドワークを経験したことによるインパクトを調べるために、ゼミ活動を1年半以上経験した4年次生15名に関しては10月下旬に半構造化インタビューを実施し、ゼミ活動を丸2年間経験した卒業生には、同じころに質問紙をメールで送付して返信してもらう方式で回答を得た。

　おもな質問項目は、足を運んだ場所、回数、何をまなんだと感じているか、その経験がいまの暮らしにどのように生きているか、フィールドワークで難しいと感じたこと、後輩に対する助言などである。

　回答の回収率は、全体で74%となった（**表5-5**）。4年次生は個別面談方式でヒアリングしたことから100%となったが、卒業生は、1期生＝43%、2期生＝71%、3期生＝65%であった。

　足を運んだフィールドの数は、平均4.8カ所（*SD=3.0*）で、通った合計回数は、30回以上と回答した人が全体の33.3%を占め、10回未満の人は5.1%だった（**図5-8**）。

　ここで、4年次生のヒアリング・データをもとにして、まなびに関する要素を抽出し、KJ法の要領でグルーピングして回答傾向の構造分析をおこなった。

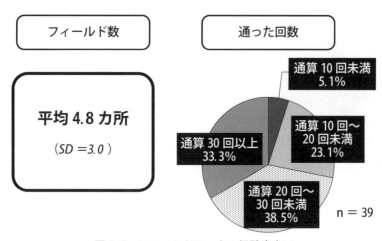

図 5-8　フィールドワークの経験度合い

その結果を見ておこう。なお、データ処理の信頼性を担保するため、コーディングの作業は学生5名と指導教官で相互にチェックしながら実施した。結果を、**図5-9**に示す。

　カテゴリーは、大きく3つ形成された。第1カテゴリーは「まなぶ意欲」の変容で、知識やノウハウの他、社会に目を向けて関心を開くことが向上したことを意味している。第2カテゴリーは「多様な他者との関係性構築の大切さ」を知ったことであった。老若男女、様々な人に出会い、相手の意を汲んだり自身の思いを伝えたりするコミュニケーション能力が向上した実感があったことを意味している。そして、第3カテゴリーは「試練を前にしたときの対応能力」の向上で、自己管理しながら、ねばり強く物事に向き合うことや、逆境をばねにしたりピンチを楽しんだりするタフネスが身に付いたことを意味している。

　これらの要素を卒業生の回答結果と比較したところ、グルーピングの結果には特に違いは見られなかった。ただし卒業生に関しては、「現在の仕事に生かされている」という文脈で意味づけされている言説が数多く見られた。なお、通ったフィールドの数や回数による回答傾向の相違は、ほとんど見られなかった。

　フィールドワークの経験を通して調査主体側（若者たち）がまなんでいたのは、単なる知識やノウハウの獲得に留まらず、「こころのレジリエンス」とも

まなぶ意欲

関心	知識
母親に防災の事を話すようになり、防災のテレビも家族で見ている	たくさん知識を得た
家で防災の話をする機会が増えた	自分の防災・防火意識が高まった
災害ニュースに敏感に	防災の知識にも詳しくなった
震災報道をよく見るようになった	防災知識を身につけることができた
ニュースに対して疑問を持てるようになった	防災については自分たちも初心者学びが多かった
東日本大震災、福島を考える機会になった	新しい知識を得ることができた
災害のニュースをチェックするようになった	SNSで情報交換・知識が増えた
台風の報道を気にするようになった	防災のアイデアが学べた
	防災グッズの知識がついた
	フィールドワークで得た知識が活かされた
	高解像度降水ナウキャストを使うようになった

多様な他者との関係性構築の大切さ

伝え方
- わかりやすく伝える
- 子どもたちが喜ぶ伝え方を学んだ
- 要点をまとめるのに苦労した
- 発信する、能動的な姿勢を学んだ
- 表現方法を学んだ
- 伝えたいことのズレ難しい
- 伝え方が難しい
- シナリオ作成

コミュニケーション能力
- 幅広い年代の人と話す機会が多く、コミュニケーションの取り方を学んだ
- 子どもとの関わり方が難しかった
- お年寄り相手に聞きたいことが聞けない
- 写真を拒否する人が多くて苦労した
- フィールドワークでの立ち回り方
- アドリブ力・とっさに対処する力
- 小学生とのコミュニケーション
- 一方的なやり取りではなく双方向のコミュニケーションが大切
- 子どもとの関わり方 子どもの目線で話すこと
- お年寄りと関わる恐怖心がなくなった
- 初対面の人と話すことに慣れてきた

寄り添い方
- 相手の意を汲む
- 相手がいないとできないこと。自分のペースだけでは進まない
- その人に合わせて情報を発信することが大切
- よくないところも見える（良い面も悪い面も）
- 人と仲良くなるスピードが速くなった
- 人と話すときに人の立場を思いやるようになった
- 面白く防災を学べるバランスが難しい
- 様々な視点が必要になる
- 相手のテンポに合わせて理解することが大切
- 住民の目線から考えることができるようになった
- 子どもの興味を引くにはどうすればいいか

- 意外と子供から学ぶことが多い
- 信頼関係を構築することの難しさ
- 地元愛を改めて学んだ
- その町の人のことをよく知ることが大切
- 年上、目上、だれとでも合わせる能力
- 大人の事情いろいろ難しいこと
- いろんな立場の考え方が身についた

試練を前にしたときの対応能力

持続性
- 何度も足を運ぶことで場を知ること
- 地道に取り組むことが必要
- 長期的に辛抱強く通う必要がある
- 防災の取り組みに正解はない
- チャレンジ精神や、実際にやってみることの大切さ
- 熱意をもって学び合いに
- 何気ない会話にヒントがある
- 協力しあってこそ楽しめる
- 何より楽しむこと！
- フィールドワークを楽しむ
- 防災を楽しく教えたら楽しく学べる

心がまえ
- 決めつけ、偏見をもつことをやめ、行動するように
- 子どもが気になったことに対して調べにくれて自分もやっていかなければならないと思った

助け合い
- 共助が大事
- 助け合いが学び合いに
- 自分一人ではできない・みんなと協力することが大事
- つながりの大切さ・ともに考える姿勢
- 役割分担して作業できるようになった

現場の重要性
- 自分の目で見ることが大切だとわかった
- 双葉のことを聞いて想像していたが、行ってわかるものがあった

自己管理
- スケジュール管理
- 時間と先生のプレッシャー

情報共有
- 連絡が大切
- 報連相がいかに大切か
- メールをうまく返す方法
- 情報共有しないと回らない
- 情報共有の大切さ輪を大切に

図5-9　フィールドワークによるまなび（2018年度4年次生　結果図）

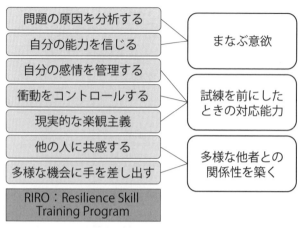

問題の原因を分析する
自分の能力を信じる → まなぶ意欲

自分の感情を管理する
衝動をコントロールする → 試練を前にした
現実的な楽観主義 ときの対応能力

他の人に共感する
多様な機会に手を差し出す → 多様な他者との
関係性を築く

RIRO：Resilience Skill
Training Program

**図5-10　「こころのレジリエンス」の7項目とフィールド
ワークによるまなびの要素との対応関係図**

呼ばれる、人生の財産に値する"より大きなまなび"であったものと考えられる。枝廣（2015）はカナダの RIRO：Resilience Skill Training Program を引きながら、「こころのレジリエンス」を構成するエッセンシャルな能力を7つあげている。感情のマネジメントや他者に対する共感、原因分析力や現実的な楽観主義などである。そのすべてが今回抽出したまなびの要素には含まれていた。対応関係を、**図5-10**に示す。

　防災に関するフィールドワークによって涵養されていたことは、自身の"生き方"を他者との関係性のなかで彫琢していく身構えであったものと解釈できる。マニアックな防災の知識をコレクションすることだけに留まらず——ときにそれも大事ではあるのだが——災害と向き合いながら生きていく時間軸の観点、すなわち、"生き様"を想起していくような、まさに"防災を生きる"ことをマインドセットすることができていた可能性がある。フィールドワークによって、ゼミ生たちが若いうちに"まなび方をまなぶ"ことができたのであれば、筆者としては望外の喜びである。

　もちろん、今回の調査は、回収率に偏りがあるため、相応の留保が必要である。当然のことではあるが、「あまりよくまなべなかった」というネガティブな印象を残している学生（卒業生）は、今回の調査では回答していなかったは

ずである。また、異なる分野において異なる理念のもとでフィールドワークしているゼミナールでは、また異なる結果が導出されるのかもしれない。ぜひ、今後、比較検討してみたい。

さらに今回の調査は、卒業後、最長でもわずか2年半ほどの時間しか経過していない時点でのフォローアップ・サーベイとなっている。今後は、長期的な時間の経過とともにまなびの意味づけ方が変わっていくことにも留意して、洞察を深めていく必要があるだろう。2020年以降、コロナ禍というエポック・メーキングな事象も生じているため、フィールドワークの経験がどのようなポジティブな効果を発揮したのか、それとも大学時代の経験のインパクトは雲散霧消していたのか、この点も確かめていきたいと考えている。したがって本節のような"我田引水の解釈"はここまでにして、これを修正し補強する作業は、次の機会にゆずりたい。

3　防災活動からのまなび

（1）　若手の防災活動推進者の心的構造分析

さて、対象の年齢を20代から30代にまで引き上げて、さらに検討を加えていこう。すこしデータが古いのだが、筆者は、2008年度に、若手の防災活動推進者を対象として、彼ら／彼女らの心的構造分析を実施したことがある（**表5-6**）。

表5-6　若手の防災活動推進者ヒアリングリスト

	性別	年代	主な活動内容	採取時間
A	女性	20代	防災関連施設に勤務、防災の催しの企画、災害救援NPO、防災の勉強会に参加など	2時間
B	男性	20代	防災関連研究者、防災の催しの企画など	1時間
C	女性	20代	大学生、防災関連グループに参加、防災＋αの試み、勉強会に参加など	1時間30分
D	女性	30代	防災関連研究者、防災の催しの企画、防災の勉強会に参加など	2時間30分

表 5-7　生成されたカテゴリー

カテゴリー1	防災イメージの再構築
カテゴリー2	無理のないペースとスタンス
カテゴリー3	自己に対する認識
カテゴリー4	阪神・淡路大震災に対する思い
カテゴリー5	他者に対する認識
カテゴリー6	未来に対する期待感

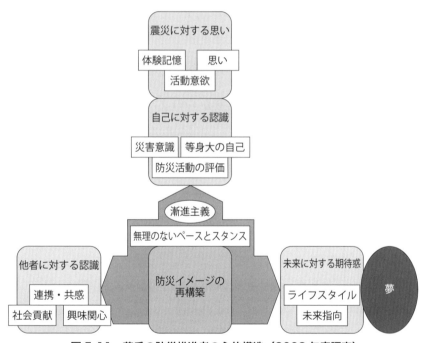

図 5-11　若手の防災推進者の心的構造（2008 年度調査）

スノーボールサンプリングの要領でセレクトした該当者にデプス・インタビューをおこない、質的なデータを、M-GTA（修正版グラウンデッド・セオリー・アプローチ）[3] で分析するというものである。

ここでは、手順の子細を縷々述べることは差し控えたい。大略だけ示すと、生成された「概念」は全部で38あり、そこからアブダクトされたカテゴリーは、全部で6あった（**表5-7**）。M-GTAの結果図を示すと、**図5-11**のとおりとなった。ごく簡潔に、結果図のインプリケーションを記すと、若手の防災推進者たちは、過去の災害——ここでは、特に阪神・淡路大震災が想起されている——を真剣に見つめながら、無理のない"自分らしい"ペースによって、新たな防災イメージを創造していくことに夢や希望をいだいていた。その際に、志を同じくする他者とつながることによって、取り組みに向けた活力が備給されるというダイナミズムが見出せたのであった。

ただし、これは予備的な調査の結果であって、M-GTAにおいては死活的に重要なコンセプトである「理論的飽和」の水準に達したとは言い難い点、留意が必要である。したがって、ここでは上述した分析結果の委細や適否には頓着せずに、本章の趣旨に照らして、特に調査協力者のひとり、B氏のヒアリング・データに目を向けていきたい。

（2）　生き様をまなぶ

B氏のトランスクリプトを見てみると、きわめて未来志向的なイメージを持って防災という営みの意義を語っており、防災を自身の人生のなかに、前向きに位置づけていることがわかる。災害が起きることはネガティブであったとしても、防災を通して向き合うことはポジティブであるという、明快なコントラストが示されている。該当箇所を抜き出してみよう（丸括弧内の数字は、トランスクリプトの行番号）。

B（254〜259）　なんかねえ、確かに災害が起きると、人が死んだりとかっていう、最悪のすごく悲しいことが起こっていくっていう、それはからだでわかっているかどうかっていうのはわからないけど、頭ではわかっていて、だからこそ、そうならない、何が起こってもそうならないよう

な、その、人間がね、生き方を、手にいれることができたとしたら、なんかこう、してやったりみたいな、どうだみたいな（笑）。なんていうのかな、そういうイメージなんですよね。

B（273〜276）　そういう意味ではゴールないでしょう。その自然の変化っていうのも、もちろん、10年20年で終わりじゃないし、100年200年どんどんどんどん変わっていくし、われわれの側の社会もどんどんどんどん変わっていくから、ずうっとだから、その、そういうのを追い求めていく生き方っていうのが、あるのかなあ、それはすごく楽しいことかなあって。

B（352〜357）　そんなになんかこうネガティブなものではないです、ぼくにとって防災って。や、起こる災害自体は最悪ですよ、そりゃ、人も亡くなるし、家もなくなるし。でも、そうならないために人が変わっていくわけじゃないですか。社会も変わっていくし、そういう意味ではこう、常にこうどんどんよくなっていくだろうっていう、楽しみな部分もあると思うんで。

　B氏は、ゴールの見えない防災という営みに果敢にチャレンジすることが、「すごく楽しい」ことだと捉えている。それは、すこしずつではあったとしても、漸進的に良くなること（betterment）に向けたプロセスであるはずだからである。
　ところで、B氏は、この前途多難なはずの道行きを、なぜ、どのようにして歩み始めたのだろうか。ヒアリングのなかでは、人生の師となる人物、X先生との出会いが圧倒的なインパクトを持っていたことが語られていた。

　B（24〜27）　X先生の、あの、い、生きるということのなかでどういう位置づけになっているのかとかっていうような話を聞いたときに、共感できるというか、もう少しこのかたの、あの、生き方っていうのを見てみたいと思って入ったんだけれども、気が付くと、防災そのものにも関心を示し

ていた、と、思うんですよ。

　B氏によれば、X先生は、防災研究に熱心に尽力している人物で、四六時中、防災のことばかりを考えている。しかし、それでいて、まったく疲れを知らないような、エネルギッシュな姿勢を周りに見せつけていた。そこでB氏は、X先生に、「なぜ、防災の研究をしようと思ったのですか」と尋ねたのだ。X先生の答えは明確で、「おれがやるしかないと思ったからだ」ということだったそうだ。おそらくはX先生は、防災研究のことを、「天職（召命）」（ドイツ語で beruf、英語で calling）のように受け止めていたにちがいない。

　B氏の語ったことをふまえると、B氏は、防災という広大無辺な領域に散在・潜在しているマニアックなコンテンツを渉猟するため（だけ）に取り組みを始めようとしたのではなくて、「防災に人生（life）を賭けてすでに取り組んでいるX先生の“生き様”(way of life) をまなぶ」ことによって、気が付くと、同じような道行きに踏み込んでいたということであった。まさにこれこそが、宮台（2008）が着目している「感染的模倣（ミメーシス）」というものであろう。子は親の背中を見て育つ。指示や命令を受けなくても、おのずから大人のふるまいを真似ていく。「いま、わたしは模倣しているのだ」といった自覚も作為のイメージも結像しないうちに、ごく自然な流れとして、範となる人の存在を全身全霊で受け止めていく。眼前のいのちの輝きに感応するのだ。そしてもちろん、やがてそれは相互作用のダイナミズムとなって力強い渦を形成していくはずである。師や親や先達は、後進からのまなざしに照らされて、ますます自身の人生に磨きをかけていくのだから。

　B氏は、“気が付くと”防災活動をしていたという。偶有的な、意図せざる（アンインテンショナルな：unintentional）変容をきわめて印象的に語っていたのだが、実は、このようなナラティブは、他の調査協力者からも採取されていた。そして、防災という特殊に思える営みが、ごく「自然」なものとして生活（life）のなかに溶け込んでいることが明かされている。

　　A（631〜633）　なんかほんとに、生活の一部ですねえ。特別になんか自
　　　　分がやらないといけないと思ってるわけではないし、なんていうんですか

ねえ、なんていうんですかねえ、なんかほんと、ある意味、自然になってるところがあって、あるんで……。

C（497〜501）　わたしもミクシィですごい自分の日記を書いたりしますけども、ブログとか。たとえばそれを見た人が、ちょっとこう今日と明日と意識が変わったりとか、ちょっと防災、気にかけてみようかなって思ったらいいかなっていう、それぐらい的な感覚でいるので、でもほんと、自然ですよねえ（笑）。

　防災教育というアクションをなすということの根本は、このような、"生き様"を伝え合うこと、"生き様"を通して響き合うことにあるのではないだろうか。理想の防災を具現化することは、実際には、達成困難な難問（アポリア）であると言ってよいだろう。しかし、そのことに真摯に立ち向かっている人をして、謙虚さや奥深さ、人と人との連帯、人と自然の調和的な関係性、不定の未来に対する取り結び方を、われわれはまなび取ることができる。
　このような「防災教育」の可能性の中心を真に解放することによって、「教育」という営みの本質を再照射していく必要があるものと考える。

〈補注〉
1）　内田（2021）は、時間の観点を含み込んでおくことが、知性にとって不可欠な要素であると指摘している。「社会性、公共性とは今ここにおける賛同者の多寡によって計量されるものではない。そうではなくて、過去と未来の双方に向けて時間的に開放されているかどうか、それが社会性・公共性を基礎づける本質的な条件だろうと私は思う」（p.199）。
2）　中動態の議論に関しては、國分（2017）や國分・熊谷（2020）を参照のこと。
3）　ここでは、煩雑になるため、M-GTA（Modified Grounded Theory Approach）の子細は述べない。本研究では、木下康仁の一連の著作（1999; 2003; 2005; 2007）を参照しつつ、西條剛央（2007; 2008）なども参考にした。

〈参考文献〉
渥美公秀（2001）『ボランティアの知——実践としてのボランティア研究』大阪大学出版

会.

渥美公秀（2011）「ボランティアの動機」『防災・減災の人間科学　いのちを支える——現場に寄り添う』矢守克也・渥美公秀編著，新曜社，pp.149-156.

渥美公秀（2014）『災害ボランティア——新しい社会へのグループ・ダイナミックス』弘文堂.

枝廣淳子（2015）『レジリエンスとは何か——何があっても折れないこころ、暮らし、地域、社会をつくる』東洋経済新報社.

川喜田二郎（1967）『発想法——創造性開発のために』中央公論新社.

川喜田二郎（1970）『続・発想法——KJ法の展開と応用』中央公論新社.

木村佐枝子・前林清和・舩木伸江（2011）「東日本大震災における大学生のボランティア活動——被災地ボランティアの語り」社会貢献学会第2回大会予稿集，pp.17-22.

木下康仁（1999）『グラウンデッド・セオリー・アプローチ——質的実証研究の再生』弘文堂.

木下康仁（2003）『グラウンデッド・セオリー・アプローチの実践——質的研究への誘い』弘文堂.

木下康仁（2005）『分野別実践編グラウンデッド・セオリー・アプローチ』弘文堂.

木下康仁（2007）『ライブ講義M-GTA　実践的質的研究法——修正版グラウンデッド・セオリー・アプローチのすべて』弘文堂.

國分功一郎（2017）『中動態の世界——意志と責任の考古学』医学書院.

國分功一郎・熊谷晋一郎（2020）『〈責任〉の生成——中動態と当事者研究』新曜社.

前林清和（2009）『win-winの社会をめざして——社会貢献の多面的考察』晃洋書房，pp.89-103.

宮台真司（2008）『14歳からの社会学』世界文化社.

内閣府（2017）『社会意識に関する世論調査』（平成29年1月）　https://survey.gov-online.go.jp/h28/h28-shakai/index.html（2022年4月11日最終確認）

NPO法人国際ボランティア学生協会（2020）「これまでの災害救援活動」　https://www.ivusa.com/（2020年10月31日最終確認）

大澤真幸（2018）『サブカルの想像力は資本主義を超えるか』角川書店.

西條剛央（2007）『SCQRMベーシック編　ライブ講義　質的研究とは何か——研究の着想からデータ収集、分析、モデル構築まで』新曜社.

西條剛央（2008）『SCQRMアドバンス編　ライブ講義　質的研究とは何か——研究の着想からデータ収集、分析、モデル構築まで』新曜社.

佐藤郁哉（2002）『フィールドワークの技法——問いを育てる、仮説をきたえる』新曜社.

内田　樹（2021）『コロナ後の世界』文藝春秋.

浦河べてるの家（2005）『べてるの家の「当事者研究」』医学書院.

矢守克也（2015）「量的データの質的分析——質問紙調査を事例として」『質的心理学研究』第 14 号, pp.166-181.

矢守克也（2018）『アクションリサーチ・イン・アクション——共同当事者・時間・データ』新曜社.

終章　愛のかたち
〜試論　BACEV+L モデル〜

　ここまで、かなり遠回りするような経路をたどってきたが、防災という営みを理論的に対自化したうえで、その洞察をふまえて、今度は即自的に「防災を生きる」ことの重要性を提起してきた。防災の営みは、互いの「いのち」を感得するための「愛」の体現であると言い換えることもできる。

　広く知られているとおり、かつてエーリッヒ・フロムは、「愛」の内実にアプローチする際に、敢えて、即物的・世俗的に過ぎるのではないかと思えるようなテクネー（技術）の水準で、「愛」に対する詳細な検討を加えていた（フロム，1991）。これは、習得し鍛錬すれば「適切に愛せるようになる」という理解において、「愛すること」を「ability」（能力）の範疇におさめたということでもある。「愛」を持続的に成立せしむる要諦・要件は、このようにして煎じ詰めていくことができる。

　また英語圏では、日本語で「同情・共感」と訳されている「sympathy」と「empathy」の位相差を、同じく、「ability」──シンパシーは単なる情緒・感情のひとつであり、エンパシーはたとえ立場を異にしていたとしても理性的に共感しようとする能力のことであると説明がなされる場合が多い──で捉えることがある（たとえば、ブレイディみかこ，2019; 2021）。終章では、そのような理路に倣って、防災教育の参加者（特に促進する立場にいる人たち）が「まなび合い」という営みを成立せしむるための要諦を引き出しておきたい。しかしこれは、あくまでも試論である。

　本書では、すでに随所で述べてきたことを、凝縮した理念モデルとして表してみた（**図1**）。仮に、「BACEV+L モデル」と名付けておこう。この、やや不細工なネーミングは、5つの機能の頭文字と、そして「Love（愛）」が、まなび合いのサイクルには不可欠であることを表そうとしている。5つの機能は、

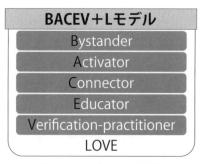

図1　BACEV+L モデル

それぞれ相補的な関係性を持っていて、オーバーラップもしている。では、順に見ていこう。

Bystander

アクションリサーチの身構えに立脚して防災教育学の領域に積極的に関与するならば、ともにコトをなす「共同実践者」もしくは「共同当事者」（矢守, 2018）というポジショニングをとることが適合的である。

リスク・コミュニケーションの本義は、リスク・メッセージを一方的に伝達することなどではない。コミュニケーションとは、コミュニティを形成すること（矢守・宮本, 2016）、コミュニティとは、「com」＝ともに、「munus」＝贈り物を与え合う親密な関係性のことである（たとえば、インゴルド, 2020）。

「アウトリーチ」という名のもとに断片的な知識を伝授することや、「リテラシー」というプラスチック・ワードを振りかざして教え込むようなことからは距離をとる必要がある。まなび合いの輪の中に、わが身を投じること。それこそが、防災教育の営みを駆動・賦活させる出発点となる。

しかし、実際には、「取り急ぎ、流行りの防災学習プログラムを稼働させておきたい」という切迫したニーズ（ときに、教育行政側のニーズ）が先行していることもあるだろう。その要請に即応することは、長期的に見れば、関係者を、そして自分自身をも裏切っていくことになるかもしれない。一見するとスマートに見える手ほどきは、"みんなの苦労を取り戻す"契機——たとえば、

べてるの家の関係者が生み出してきたような豊潤な知恵の数々を想起しよう（斉藤，2010）——を奪うからである。特に、外部支援者として参画する人たちの役割のベースメントには、宮本・渥美・矢守（2012）のいう「巫女の視点」によって、まずは、閉塞の深奥に潜在している課題を呼び覚ますことから始める必要がある。

Activator

ところで、仄聞したところによれば、外部支援者は Bystander（傍らにいる人、寄り添う人）のままであればよいものと曲解して、「いや、それは現場のみなさん自身が決めることです」と、安全地帯から定型的な助言を繰り返すにとどめて、結局は何も踏み込まない人もいるとのことである。難しい選択を前にしたときほど、「わたしはあくまでファシリテーターですので、これ以上は申しませんが……」と傍観者のスタンスを決め込むのだそうだ。現場の決定にはコミットしない構えを見せて、自己に責任が及ぶことを回避する、いわゆる「壁の花モデル」の悪用である（心理学の領域においては古典的な争点ではあるが、教育心理学の論考としては、たとえば、広瀬・尾関・鄭・市嶋，2010 なども参照）。

しかし、実践的な経験をふまえて言えば、現場では、長らく伴走してきた関係性を"梃子"にして、ときに先んじて提案し、実行し、事態を動かすことが、閉塞のブレイクスルーにつながるケースも多い。先に"前奏"をはじめてしまうことによって、事後的に見事な"合奏"や"斉唱"がおこなわれるかのごとくである[1]。

宮台（2012）のいうとおり、パターナリズムには、良いパターナリズムと悪いパターナリズムがある。パターナリズム的なかかわりをすることはすべからく悪だと決めつける原理主義から、そろそろ脱却する必要があるだろう。アクションを活性化させる人も、即興的なプレイヤーでいたほうが、よりエキサイティングで楽しいのではあるまいか（渥美，2001）。

Connector

防災教育にかかわる人は、普段から様々な関係者とネットワークを築いている。フィールドの中において、特に外部支援者は、様々なステイクホルダーた

ち——学校関係者、地区の住民、別の専門家、報道従事者など——を取り結ぶ
結節点となりうる。また、フィールドの外から、「ナレッジブローカー」[2]（た
とえば、矢守，2013）のポジショニングをとることができる人物を招き入れる
ことも十分可能である。

　ところで最近では、防災教育学の領域において「インクルーシブ防災」
(inclusive BOSAI) という言葉が散見されるようになってきた。国連などが
SDGs (Sustainable Development Goals) の論脈で唱導している「Diversity
& Inclusion（多様性と包摂）」というコンセプトがベースにあるものと思われ
るが、そのスローガンが仮に「弱い立場の人を包摂してあげる優しい心持ち」
という理想だけで語られているとするならば、不十分であると言わざるを得な
い。このワーディングの本義は、Diversity を基軸として、われわれは「ともに
包摂し合う」（まなび合う）未来社会を構築していくことの謂いだからである。
何よりもまず、「共同性」が先にあることを認識する必要がある。もし、ここに
「専門家」というポジションが外挿されるのであれば、だれとだれとがつなが
るとよいのか、また、だれがまだうまくつながれていないのか、そうした事柄
の点検作業を果たす役割を担うとよいだろう。

Educator

　フィールドにおいてかかわる人々は皆、相互にまなび合うことができるかけ
がえのない仲間である。エデュケーションの原語、ラテン語のエデュカーレ
(educare) とは、本来、「引き出す」という意味を持っている。他者[3]との出
会いのなかで、潜在している想いやアイデアを引き出し合う。

　この共同的な営みにおいては、大人たちも、先達も、常に自身の変化に対し
て自覚的であることが求められる。成長するのは、児童・生徒、初学者だけで
はない。

Verification-practitioner

　単なる精神論を振りかざして、「やらないよりもやったほうがまし」との構
えで防災教育に邁進しようとすればするほど、現場で閉塞感が昂進しているこ
とに気付かなくなる。取り組みのインパクトを、共同実践のなかにおいて真摯

に検証すること、この領野においてこそ、研究者のレゾンデートルが試されていると考えるべきである。

　そしてここではもちろん、常に「見たいものしか見ない」という陥穽が待ち受けていることに留意しなければならない。すでに第2章でも説明したとおり、アクションリサーチ（research in action）を、research for action に堕するバージョンに貶めてはならない。千々和・矢守（2020）が鋭く指摘しているとおり、多くの実証的な研究が、ありきたりの独立変数を設定し、従属変数の変動を短期間の pre/post テストで見出そうとするがあまりに、独立変数の使い勝手を確かめるだけの愚に嵌まっている。

　フィールドのベターメントを検証するための実存的な指標とはそもそも何であるのかを、当事者とともに発見・創造することが求められる。そこには、人生という長いタイムスパンの展望さえも必要である。そしてここにおいても、「共同性」が根本にあることを指摘しておきたい。

Love

　「愛」の内実や本質を学問的に検討することは、筆者の手には余る、大き過ぎる難題である。そこで、経験的に言えそうなことを、ごく短く書き留めておこう。愛の本来性とは、「to whom」というリニアなかかわりを越えて、「for whom」、「among us」という視座を無限に解放していくプロセスのことなのではないだろうか。愛とは、互いにいのちを想起し合うことである。

　鷲田（2013）は、母親と胎児の関係性に着目して、「共振」という作用に光をあてている。胎児は、母親のおなかにいるとき、母親の存在と「共振」している。母親が不安にかられて鼓動が速くなると、胎児の脈も速くなる。逆に母親の鼓動が安定していると、胎児に確かな安心感を与えるのだという。事態に内在し協働する――ともに生きる――ことによって、こころがふれあい、交流する。このとき、まずは「いま」を「いま」として、「その人」を「その人」として――記号化・物象化することなく――そのままに、"いだく"必要がある。この現時充足的な視座を、真木（2003）に倣って、「コンサマトリーな関係性」と呼ぶことにしよう。防災教育の論脈において、たとえば、防災の取り組みがうまくできない子どもがいたようなときに、その子どもをダメな子どもだとラ

ベリングしてしまうようであれば、その営みをプロモートしている大人たちがなしていることは、真なる防災教育とは呼べない。城下（2014）の言うように、防災教育とは「防災に関する教育」などではなく、「防災を通してまなび合う」ことである。城下はこれを、「防災共育」と名付けている。

　教育の専門家ならば必ずや精読しているであろう古典に、ジャン＝ジャック・ルソーの大著『エミール』がある。この中には、幼少期の子どもに対する教育の要諦を解説するくだりがあり、ルソーは次のように記している（ルソー, 1762）。

　　そこで、不確実な未来のために現在を犠牲にする残酷な教育をどう考えたらいいのか。子どもにあらゆる束縛をくわえ、遠い将来におそらくは子どもが楽しむこともできない、わけのわからない幸福というものを準備するために、まず子どもをみじめな者にする、そういう教育をどう考えたらいいのか（p.130）。

　　人間よ、人間的であれ（p.131）。

　ここで示されているのは、とてもシンプルなことであって、まずは目の前にいる人を、そのままに丸ごと愛するということである。

　『エミール』を読み解く作業をおこなった秋葉（2005）は、ルソーの卓見の「最大の価値」は、（子どもへの）「愛」の本性を掬い出したことだったと結論づけている。もちろん、ルソーは、幼少期を過ぎた青年期に入れば、インストゥルメンタルな教育も必要だと述べている。このリアリズムを等閑視してはならない。しかしながら、「いのち」を「いのち」として感得し、あるがままに愛することのすばらしさは、親子関係だけではなくて、すべての人間関係にあてはまることなのではないだろうか。

　われわれは、リスク社会の激流にあってさえも、ともに生き抜く力——いのちの奇跡を感受するエネルギー——を宿すことができる。だから「希望」は、どこか虹の彼方にあるわけではなく、この世界のなかに、われわれの掌中にこそある。

〈補注〉
1 ）　諏訪清二（2015）は、冬山登山におけるラッセルとトレースのアナロジーによって説明している。先達が険しい道を切り開き、後進がその道を行く。“ファシリテーター”や“アドバイザー”という役割は、安全地帯に身を置いて、わが身には火の粉をかぶらないようにしていては成り立たない。
2 ）　ナレッジブローカーとは、実践共同体を越境するポジションにいる人のことで、「建設的でナイーブな疑問」を呈することによって、ブラックボックス化した知の慣性や惰性から、多くの人を解放する機能を果たすことが期待される（たとえば、矢守, 2013; 伊藤ら, 2004）。ただし、経験上、打ち壊される対象が必ずしもナレッジだけであるとは限らない点には注意が必要である。この議論の原点は、正統的周辺参加理論にある。レイヴとウェンガーの主張を参照のこと。
3 ）　もはや説明を加えるまでもないであろうが、念押しをしておけば、ここには、死者も含まれる。古典の良書を読むことは、死者と対話することに等しい。

〈参考文献〉
秋葉英則（2005）『「エミール」を読み解く』清風堂書店出版部.
渥美公秀（2001）『ボランティアの知——実践としてのボランティア研究』大阪大学出版会.
ブレイディみかこ（2019）『ぼくはイエローでホワイトで、ちょっとブルー』新潮社.
ブレイディみかこ（2021）『他者の靴を履く——アナーキック・エンパシーのすすめ』文藝春秋.
千々和詩織・矢守克也（2020）「長期的な視点に立った学校防災教育の実施と検証に関する試論」『災害情報』No.18-01. pp.25-33.
エーリッヒ・フロム（1991）『愛するということ』鈴木晶訳, 紀伊國屋書店.
広瀬和佳子・尾関　史・鄭　京姫・市嶋典子（2010）「実践研究をどう記述するか——私たちの見たいものと方法の関係」『早稲田日本語教育学』第 7 号, pp.43-68.
伊藤　崇・藤本　愉・川俣智路・鹿嶋桃子・山内　雄・保坂和貴・城間祥子・佐藤公治（2004）「状況論的学習観における「文化的透明性」概念について——Wenger の学位論文とそこから示唆されること」『北海道大学大学院教育学研究科紀要』93, pp.81-157.
ジャン゠ジャック・ルソー（1962）『エミール（上）』今野一雄訳, 岩波書店.
ジーン・レイヴ＆エティエンヌ・ウェンガー（1993）『状況に埋め込まれた学習——正統的周辺参加』佐伯　胖訳, 産業図書.
真木悠介（2003）『時間の比較社会学』岩波書店.

宮台真司（2012）『統治・自律・民主主義——パターナリズムの政治社会学』現在位相研究所編，NTT 出版．

宮本　匠・渥美公秀・矢守克也（2012）「人間科学における研究者の役割——アクションリサーチにおける『巫女の視点』」『実験社会心理学研究』52 巻（2012-2013）1 号，pp.35-44．

斉藤道雄（2010）『治りませんように——べてるの家のいま』みすず書房．

城下英行（2014）「防災共育の実現に向けて」『防災・減災のための社会安全学——安全・安心な社会の構築への提言』関西大学社会安全学部編，ミネルヴァ書房，pp.98-114．

諏訪清二（2015）『防災教育の不思議な力——子ども・学校・地域を変える』岩波書店．

ティム・インゴルド（2020）『人類学とは何か』奥野克巳・宮崎幸子訳，亜紀書房．

鷲田清一（2013）『〈ひと〉の現象学』筑摩書房．

矢守克也（2013）『巨大災害のリスク・コミュニケーション——災害情報の新しいかたち』ミネルヴァ書房．

矢守克也・宮本　匠（2016）『現場でつくる減災学——共同実践の五つのフロンティア』新曜社．

矢守克也（2018）『アクションリサーチ・イン・アクション——共同当事者・時間・データ』新曜社．

あとがき

　2011 年に発生した東日本大震災では、地震と津波による甚大な被害に加えて、東京電力福島第一原子力発電所の爆発事故の影響でふるさとを追われることになり、"三重苦"を背負った人たちが大勢いる。ここに掲載するのは、福島県双葉町の双葉南小学校内の写真である。2022 年春の時点で、現在も「帰還困難区域」の中にあり、震災から 10 年以上経ってなお、立ち入り禁止の状態が続いている。

　2021 年の冬に、わたしたち研究室のメンバーは特別に許可を得て、校舎の

双葉南小学校の教室内の様子（2021 年 12 月 10 日　筆者撮影）

鍵を開けていただき、線量計を手にしながら教室に足を踏み入れた。

　黒板には、3月11日の日付があり、日直の児童の名前が書かれていた。そして、机の上には、ランドセルやかばんが置かれていた。あの日、児童たちは地震の揺れに見舞われたあと、津波を警戒して避難をする。すぐに校舎に戻ってくるはずだったのだろう。下駄箱には、靴も残されたままだった。

　しかし、そのまま原発避難が始まる。町を離れ、いくつかの避難先を経由して、埼玉県の高等学校にたどりつく。そして、校舎の空き教室で"新たな暮らし"が始まった。家に帰りたくとも帰れない。仮に許可を得て、ふるさとの様子を見に行ったとしても、かばんやぬいぐるみなどは放射線が付着している可能性が高く、持ち出すことが難しい。自分の家財なのに、行政に許可を得なければ手にすることもできないことの苦痛、無念……。

　やがて、親戚が住む場所に居を移したり、親が仕事を見つけた先に引っ越したり、子どもたちは仲間とも離れ離れになっていく。大人でもつらく厳しい苦難の道のりを、子どもたちは一体どのような思いで歩んだのだろうか。

　わたしとともにこの教室を視察したゼミ生の中に、6年生の教室内でくぎづけになってしまった女子学生がいた。彼女——本書の**第3章第3節で紹介した**"たまちゃん"——は、東日本大震災が起きたとき、小学6年生だったという。関西に住んでいたので、東日本大震災の経験は、テレビなどの映像で知るのみである。しかし、この教室で、自分とまったく同じ日に生まれた男子児童の「自分史」の作品が掲示されているのを目にしてしまった。この男の子は、あの日から、どのような日々を過ごしたのか、いま、幸せでいるのだろうか。まさに、わが事のようにこころを痛めていた。

　本書がたどりついた「防災を生きる」というコンセプト、「防災は愛」だという理念は、自己や他者の人生を重ね合わせながら、かけがえのないいのちを見つめ合うこと、いのちを感得し合うことの大切さを指し示している。それは、胸がつぶれるほどに苦しいときもあり、胸がふくらむほどにうれしいこともある。一筋縄ではいかないし、大人も正解がわからないことだらけだ。

　頭の中に「知識 (knowledge)」を詰め込もうとする防災教育は、多くの場合、このようないのちのかかわりという古来の「知恵 (wisdom)」を見失ってしまう。情報を媒介にしてコミュニケートするからである。防災や減災という営み

　と地続きに、復興という名の終わりの見えない長い歩みがあること。それはま
た、来たるべき次なる災害に向けた、束の間の「災間」に過ぎないこと。そう
した「時」を、いまもともに過ごしていることを、どれくらい深く味わうこと
ができるのか。わたしたちは、通時的な感覚と共時的な感覚を併せて研ぎ澄ま
せていかなければなるまい。
　大人が「防災を生きる」、そのひたむきな背中を見せ続けなければ、子ども
たちが「まなぶ／まねぶ（真似ぶ）」ことなどできるわけがないのだ。

　2011 年、東日本大震災の被災地を筆者が駆けずりまわっていたころ、わた
しの長男がこの世に産まれ出ようとしていた。多くの人のいのちと響き合って
いるものと感じて、寒い 3 月を乗り越えたその先にある春の希望を胸に抱きし
めて、“春希”と命名した。そして翌年、今度は次男が誕生した。広がる海原に
も、きっと新たな希望を宿すことができる。そう確信して、“浩希”と命名し
た。この著書は、春希と浩希、そして、いつも家族をあふれる愛で包み込んで
くれている妻の仁美に捧げたい。

＊　　　＊　　　＊

　本書を執筆するにあたっては、たくさんの人たちにお世話になりました。ア
クションリサーチのフィールドで、日々、ともに奮闘してくださっている大勢
のみなさまに、感謝の言葉を伝えたいと思います。また、関西大学社会安全学
部の同僚のみなさま、研究室の大学院生のみなさん、学部のゼミの仲間たち、
卒業生のみなさん、大学の出版部のみなさまにも、ここにあらためて感謝の言
葉を贈ります。
　編集工房レイヴンの原章さんには、前著に引き続き、大変お世話になりまし
た。神は細部に宿る。作品の魂も細部にこそ込められる。プロフェッショナル
の手さばきに、感銘を受けました。コロナ禍の渦中にいなければ、対面による
“打ち合わせ”の回数を増やして、魂の共鳴をもっと楽しみたかったと思います。
　そして本書は、とある小さな研究会での議論から、たくさんのヒントをいた
だいて編まれました。京都大学の矢守克也先生、大阪大学の渥美公秀先生、宮
本匠先生、そして、関西大学の城下英行先生、ありがとうございました。

読者諸賢におかれましては、本書を通じてすこしでも「防災教育学」の道行きに関心を持っていただけましたならば、筆者としては望外の喜びです。

2022 年 4 月吉日

近藤誠司

初出一覧

【序章】
これまでにあちこちで発表してきたエッセーやコラムなどをもとに、本書のねらいに
即して内容を大幅に改訂し、再構成した。

【第 1 章】
■「われわれはなぜ防災教育をおこなうのか──倫理の虚構性を超克するための理
論的検討」『防災教育学研究』第 1 巻第 1 号，pp.31-41，2020.

【第 2 章】
第 1 節から第 4 節までは、以下の論文として発表した内容に、さらにデータを補い、
加筆した。第 5 節は、書き下ろしである。
■「アクションリサーチ　その可能性の中心──校内防災放送プロジェクトを題材
として」『災害情報』No.20-1，pp.219-228，2022.

【第 3 章第 1 節】
■ 近藤誠司・石原凌河「"360 度の学び合い"を重視した持続的防災学習の検討──
和歌山県広川町・こども梧陵ガイドプロジェクト」『防災教育学研究』第 1 巻第 1 号，
pp.67-79，2020.

【第 3 章第 4 節】
■「オープンプラットフォームがもたらす社会的なつながりに関する基礎的考察──
コロナ禍における教材動画制作プロジェクトのポテンシャリティ」『社会貢献学研究』
第 4 巻第 1 号，pp.21-32，2021.

【第 5 章第 1 節】
■ 近藤誠司・國重　舞「大学時代における災害ボランティア活動の影響に関する基礎
的考察──国際ボランティア学生協会 IVUSA を対象としたアンケート調査より」『防

災教育学研究』第1巻第2号，pp.105-116，2021.

【第5章第2節】
関西大学社会安全学部・専門演習中間発表会（2018年度）においてゼミ生が報告した内容をふまえて、再構成した。

【第5章第3節】
筆者の修士論文からエッセンスを抜粋して、本書の目的に照らして再構成した。
■「若手の防災推進者における"ハピネス"の心理構造分析——修正版グラウンデッド・セオリー・アプローチに依拠した混合研究法」，日本大学大学院総合社会情報研究科，2010.

【終章】
以下の口頭発表の内容をもとにして、修正・加筆した。
■「防災教育学領域におけるアクション・リサーチ——BACEVモデルからの考察」，防災教育学会第1回大会，神戸常盤大学リモート開催，予稿集，pp.4-5，2020.

　なお、特に、第2章、第3章、ならびに第4章は、ゼミ生たちと協働して取り組んだ数多くの「卒業論文」の知見が下敷きになっている。懐かしさと感謝の気持ちを込めて、本書を世に送り出す。みんな、ありがとう。

　本書の基幹部分は、科学研究費助成事業（学術研究助成基金助成金）「地域防災活動を推進するローカルメディアの創発」［基盤研究（C）・17K00471］の助成を受けることによって考察を進めることができた。あらためて、関係各位に感謝の意を表したい。

索引

著者紹介

近藤　誠司（こんどう・せいじ）

関西大学社会安全学部教授。

1994年にNHKに入局。約20年間、ディレクターとして災害報道などに携わる。NHK神戸放送局「震災メッセージ」シリーズの企画・制作で、2004年、総務省消防庁の「防災まちづくり大賞」（消防科学研究センター理事長賞）を受賞。NHKスペシャル「メガクエイク　巨大地震　〜KOBE　15秒の真実〜」（2010年）で、科学技術映像祭・内閣総理大臣賞、中華人民共和国・国際科学教育番組コンクール・銀獅子賞を受賞。

2013年に京都大学大学院情報学研究科社会情報学専攻（博士後期課程）指導認定退学、博士（情報学）。翌年NHKを退職し、関西大学社会安全学部安全マネジメント学科の助教となる。2015年に、同・准教授、2022年に、同・教授、現在に至る。

2018年度、日本災害情報学会・廣井賞（社会的功績分野）受賞。2019年度、ぼうさい甲子園グランプリ受賞。2019年度・2020年度、ジャパン・レジリエンス・アワード（強靭化大賞）金賞を受賞。

人と防災未来センター・リサーチフェロー、日本災害復興学会理事、日本災害情報学会理事、社会貢献学会理事、地区防災計画学会幹事などを務める。
単著に『災害報道とリアリティ——情報学の新たな地平』（関西大学出版部、2022年）がある。当該著書の出版により、2022年度、日本災害情報学会・廣井賞（学術的功績分野）を受賞。

防災教育学の新機軸
まなび合いのアクションリサーチ

2022年11月24日　　発行

著　者　近　藤　誠　司
発行所　関　西　大　学　出　版　部
〒564-8680　大阪府吹田市山手町3-3-35
TEL 06-6368-1121／FAX 06-6389-5162

印刷所　創栄図書印刷株式会社
〒604-0812　京都市中京区高倉通二条上る天守町766

編集協力：原章（編集工房レイヴン）
カバーデザイン：上野かおる　装画：まきみち
ISBN 978-4-87354-755-8　C3037　　　　落丁・乱丁はお取替えいたします。

関西大学出版部刊行案内

災害報道と リアリティ

DISASTER JOURNALISM AND REALITY

情報学の新たな地平

大胆に、かつ冷静に。

災害が頻発する今、真価が問われる災害報道は課題山積の状態にある。満身創痍の災害報道に対する特効薬はない。この閉塞をいかにして打ち破ればよいのか。情報とは異なる水準にあるリアリティの観点から、緊急報道・復興報道・予防報道を見つめ直す。実例を繙きながら理論と実践を往還する。

ISBN978-4-87354-747-3 A5判上製 218頁 定価2,860円（本体2,600円＋税）